Vorwort

Schon bei den Vorarbeiten zur ersten Eisenbahnlinie durch Württemberg gab es Überlegungen, in der Reutlinger Gegend die Alb zu ersteigen. Der Grund lag darin, daß im Königreich Reutlingen zu den bedeutendsten Großstädten zählte und deshalb einen Bahnanschluß erhalten sollte. Doch der Schienenweg nahm zwischen Stuttgart und Ulm den direkten Weg vom Filstal bei Geislingen auf die Schwäbische Alb. Als endlich Reutlingen und Tübingen durch die obere Neckartalbahn an das moderne Verkehrsmittel angeschlossen waren, gingen die Bestrebungen um eine direkte Bahnlinie über die Alb in Richtung Ulm unvermittelt weiter. Die Bemühungen mündeten in der vollendeten Echaztalbahn mit der Honauer Steige nach Münsingen und Schelklingen. Insbesondere der Zahnstangenabschnitt vom Bahnhof Honau hinauf nach Lichtenstein kann zusammen mit den eigens hierfür konstruierten Zahnrad-Lokomotiven als herausragende technische Meisterleistung gewürdigt werden. Schließlich stand diese Strecke mit ihren Neigungsverhältnissen von 1 : 10 an vierter Stelle in Deutschland. Nach der St. Andreasberger Zahnradbahn im Harz war sie sogar die zweitsteilste deutsche Regelspurbahn! Bald kamen Gedanken auf, den umständlichen Zahnstangenbetrieb aufzugeben und stattdessen normalen Reibungsbetrieb zuzulassen. Doch die Versuche mündeten in der Erkenntnis: Auf die Alb nur per Zahnrad! So kam, was kommen mußte: Die Strecke war in betriebswirtschaftlicher Hinsicht weit davon entfernt, rentabel zu sein. Im Rahmen des Nebenbahnsterbens kam dann auch das Aus, zunächst für die Steilstrecke und später für die Echazbahn selbst. Heute besteht nur noch die Teilstrecke von Schelklingen über Münsingen nach Kleinengstingen.

Die hier veröffentlichten Zitate sind wörtlich übernommen, jedoch in der heutigen Schreibweise wiedergegeben.

Diese Schrift ist allen Eisenbahnern gewidmet, die hier ihren verantwortungsvollen Dienst leisteten oder noch heute verrichten. Für die herausragende Hilfe und Unterstützung möchte ich Richard Blank, Burkhard Böer, Dietrich A. Braitmaier, Ludwig Franz, Wilhelm Gayring, Wolfgang Geisel, Hermann Gekeler, Günther Klebes, Hans-Joachim Knupfer, Claudia Königseder, Gerhard Moll, Dirk Munder, Andreas M. Räntzsch, Dieter Schneckenburger, Lothar Spielhoff, Kurt Starz, Herbert Stemmler, Michael Ulbricht und Werner Willhaus meinen besonderen Dank sagen.

Neckargerach, im Januar 1995

Rudolf P. Pavel

VORGESCHICHTE

Die erste Eisenbahn im Königreich Württemberg fuhr ab dem 22. Oktober 1845 zwischen Cannstatt und Untertürkheim. Dieser Abschnitt stellte einen Teil der späteren Magistrale Bruchsal/Heilbronn – Stuttgart – Ulm – Friedrichshafen dar. Innerhalb von knapp fünf Jahren konnte die württembergische Hauptbahn vollendet werden: Nach Inbetriebnahme der Strecke von Geislingen bis Ulm am 29. Juni 1850 verband das moderne Verkehrsmittel die großen und bedeutenden Städte des Landes. Hiervon ausgenommen war Reutlingen. Günstige Voraussetzung für einen baldigen Bahnanschluß bildete die direkte Trassierung der Hauptstrecke Stuttgart – Ulm durch das Tal von Neckar und Fils. Infolge der topographischen Verhältnisse war der Abschnitt zwischen Stuttgart und Plochingen auch für die künftigen Züge in das obere Neckartal vorzumerken. Dieser Tatbestand war bereits 1843 bei den Landtagsdebatten über den Eisenbahnbau einer der entscheidenden Gründe, die Bahnverbindung von der Hauptstadt des Königreichs Württemberg auf direktem Wege nach Ulm herzustellen. Doch bevor das neue Verkehrsmittel die Stadt Reutlingen und das obere Neckartal erreichte, kam erst noch der Anschluß zum badischen Eisenbahnnetz bei Bretten zustande. Dieser in Bietigheim beginnende Abschnitt konnte am 1. Oktober 1853 in Betrieb gehen.

Das im Regierungsblatt vom 6. Mai 1857 veröffentlichte Gesetz über weitere Eisenbahnbauten beinhaltete eine Bahn in das obere Neckartal. Die Lage der Städte Metzingen im Tal der Erms und Reutlingen im Echaztal erforderte in diesem Bereich eine Streckenführung abseits vom Fluß. Unmittelbar nach Veröffentlichung des Gesetzes wurde der Bau in Angriff genommen. Die Arbeiter erhielten je nach Leistung einen Lohn von dreißig Kreuzern bis zu einem Gulden pro Tag.

Im Herbst 1858 kam sogar der Kronprinz nach Reutlingen, um sich persönlich vom Stand der Bauarbeiten zu überzeugen. Beim Richtfest des künftigen Bahnhofs- und Verwaltungsgebäudes in Reutlingen am 23. Oktober 1858 sprach Werkmeister Nill aus Stuttgart sein Festgedicht vom Dach des Rohbaus.

Am 15. September 1859 traf die erste Lokomotive in Reutlingen ein und bereits fünf Tage darauf konnte die Bahnlinie dem öffentlichen Verkehr übergeben werden.

Doch schon zwei Monate später wurde der Bahnbetrieb nach dem Wegrutschen zweier Böschungen nahe Bempflingen unterbrochen. Die Fahrgäste mußten bis zum 20. April 1860 zwischen Metzingen und Nürtingen die Kutsche benutzen. Die Güter beförderte man mit Fuhrwerken gleich zum Nürtinger Bahnhof.

Die Arbeiten zur Fortführung der Bahn in Richtung Rottenburg schritten zwischenzeitlich gut voran. Schon vor der offiziellen Betriebsübergabe verkehrten am 28. September 1861 zwei Extrazüge von Rottenburg nach Cannstatt zum Besuch des dortigen Volksfestes. Anläßlich der Eröffnungsfeierlichkeiten befuhren am 12. Oktober 1861 die Minister, zahlreiche Staatsbeamte und Abgeordnete die Bahn bis Rottenburg. Alle Bahnhöfe waren deshalb festlich bekränzt und in Reutlingen empfingen die bürgerlichen Kollegien sowie fünfzig Festdamen in schwarz-roten Schärpen die Fahrtteilnehmer. Die Damen boten den Gästen Blumen und Früchte dar. Zwei Tage darauf durften die Anwohner der Strecke vier Zugpaare zwischen Reutlingen und Rottenburg kostenlos benutzen. Jeder Zug bestand aus 18, bzw. 19 Wagen und konnte etwa 200 Fahrgäste aufnehmen.

Am Tag darauf begann der planmäßige Verkehr. Kurze Zeit später, am 26. Oktober, befuhr der König von Württemberg die neue Bahnlinie. In seiner Begleitung befanden sich Finanzminister von Sigl, Graf von Taubenheim und Oberbaurat Gaab.
Der Bahnbau im oberen Neckartal wurde zunächst weiter in Richtung Süden fortgesetzt und erreichte schließlich im Jahr 1868 Rottweil.
Für die Reutlinger galt es nun, sich vorrangig an den Diskussionen über den Bau von Anschlußlinien zu beteiligen, wollte man den Industriestandort nicht in Frage stellen. Für die Vertreter der Stadt Reutlingen waren dafür weniger wirtschaftliche Gründe ausschlaggebend, vielmehr mußte dringend ein größeres Potential an Arbeitskräften erschlossen werden. Die hohen Lohnforderungen der Arbeiter hatten bereits zur Abwanderung mehrerer Betriebe geführt.
Zur Diskussion standen Anschlußlinien nach Hechingen und Sigmaringen sowie über die Alb nach Ulm. Als ernsthafte Konkurrenten traten einerseits Tübingen und der anderen Seite Metzingen auf. Das Tauziehen um den Anschluß in Richtung Hechingen und Sigmaringen gewann Tübingen: Wegen des günstigeren Anschlusses zum Schwarzwald, aber auch in Richtung Stuttgart nach Herrenberg zur Gäubahn entschieden sich die Vertreter der künftigen Bahnanlieger für den Anschluß in Tübingen. Hierzu zählte auch Preußen, denn ein größerer Teil der Strecke berührte preußisches Staatsgebiet. Ab 1869 war Hechingen mit der Eisenbahn erreichbar.
Etwa zur selben Zeit gab es auch Bestrebungen zur Schaffung einer direkten Bahnverbindung zwischen Tübingen und Stuttgart. Diese Idee konnte jedoch nicht verwirklicht werden.
Obwohl der am 3. März 1865 zwischen Württemberg und Preußen abgeschlossene Staatsvertrag den Anschluß der Zollernbahn in Tübingen regelte, wollten in Reutlingen die Gedanken für eine direkte Bahnlinie nach Sigmaringen nicht verstummen. Bis zur Albhochfläche versuchte man das Projekt mit dem einer Bahn über Münsingen nach Schelklingen zu verknüpfen, wobei der Schwerpunkt eindeutig bei einer Verbindung nach Sigmaringen lag.
Am 24. November 1868 bildeten die Interessenten in Reutlingen ein Komitee, dem Vertreter der Amtsversammlung und der Gemeinden Reutlingen, Eningen, Pfullingen und Gönningen angehörten. Es erhielt weitere Unterstützung durch den Handelsverein und einige Unternehmen. Nachdem die Städte Gammertingen und Sigmaringen ebenfalls für eine direkte Bahnverbindung begeistert werden konnten, vereinbarte man schließlich per 28. März 1870, daß die Schaffung einer direkten Bahnverbindung von Reutlingen über Gammertingen nach Sigmaringen anzustreben sei.
Für die Vorarbeiten konnte der bei der württembergischen Eisenbahnkommission tätige Baurat Schlierholz gewonnen werden. Er regte auch zusätzlich die Linie nach Münsingen und Schelklingen an. Die Arbeiten erfolgten in den Jahren 1870/71 mit einem Kostenaufwand von 10.000 Gulden, der von den beteiligten Gemeinden getragen wurde. Die Untersuchungsergebnisse führten 1872 zu einer Denkschrift, verfaßt von Oberforstrat Dr. Carl von Fischbach im Auftrag des Eisenbahn-Komitees. Dieses Memorandum wiederum fand aber keine Unterstützung bei der württembergischen Regierung, nicht zuletzt, weil es die Zollernbahn vor einer Konkurrenzlinie zu schützen galt. In Reutlingen ließ man deshalb das Sigmaringer Projekt zugunsten einer Verbindung über Münsingen und Schelklingen mit Ulm fallen. Zu diesem Zeitpunkt bestand bereits die Bahnstrecke von Ulm nach Schelklingen.

Während die Reutlinger zunächst den Gedanken für eine Bahn in Richtung Ulm vernachlässigt hatten, nutzte Urach die Gunst der Stunde: Zusammen mit den Gemeinden gründete das Oberamt 1872 die Ermstalbahn-Gesellschaft.
Dieses private Bahnunternehmen erhielt am 20. Juli 1872 die Konzession zum Bau und Betrieb einer Nebenbahn von Metzingen nach Urach. Dabei wurde festgelegt, daß die Abmessungen sämtlicher Kunstbauten den Anforderungen des Staatsbahnbetriebes genügen müßten. Ferner vereinbarte man, daß das Königreich Württemberg die Bahn übernehmen dürfte, falls sie später über Urach hinaus nach Ulm verlängert werden sollte. Darauf hofften die Ermstäler, wenn erst einmal die Nebenbahn in Betrieb steht. Doch seitens der Regierung war eine weitergehende Erklärung nicht zu erhalten.
Es dauerte einige Zeit, ehe weitere Vorstöße für einen Bahnbau in Richtung Ulm folgten. 1875 trafen beim württembergischen Landtag gleich zwei entsprechende Petitionen ein: Jene vom Münsinger Eisenbahn-Komitee sprach sich für den Anschluß in Urach aus. Die andere Eingabe aus Reutlingen verwies auf die Linienführung Reutlingen – Empfingen – Münsingen – Schelklingen.
Noch im selben Jahr begann die Abteilung für Verkehrsanstalten mit Geländeaufnahmen für die Trasse eines „Albübergangs zwischen mittlerem Neckar- und Donaugebiet". Das Ergebnis waren zwei „generelle Projekte" mit den Ausgangspunkten Metzingen und Reutlingen. Beide Linienführungen wiesen vergleichbare Ergebnisse auf.
Da dem Reutlinger Komitee inzwischen mehrere Vertreter des Oberamtes Münsingen beigetreten waren, änderte man den bisherigen Namen in „Eisenbahn-Komitee Reutlingen-Münsingen".
Alle beteiligten Parteien nahmen wegen der angespannten finanziellen Situation vorerst eine abwartende Haltung ein. Man konnte zu diesem Zeitpunkt kaum darauf hoffen, daß neben den bereits begonnenen Bahnbauten neue Projekte in Angriff genommen würden.
Zwischen dem Deutschen Reich, Preußen und Württemberg fanden 1886 in Berlin Gespräche über das Eisenbahnwesen in der Landesverteidigung statt. So verhandelte man wegen des Truppenübungsplatzes bei Münsingen erneut über einen Anschluß an das Eisenbahnnetz.
Die Münsinger Seite nutzte die Gelegenheit, um sich in einer Eingabe am 17.10.1886 für einen Anschluß bei Urach auszusprechen. Man verwies dabei auf die günstigeren Geländeverhältnisse und die natürlichen Verkehrsströme. Das Uracher Eisenbahn-Komitee richtete deswegen am 5. Dezember 1886 ebenfalls eine Petition an die Regierung.
Schließlich gab auch das Eisenbahn-Komitee Reutlingen-Münsingen mit Datum des 21. Dezember 1886 eine weitere Eingabe ab, wobei man die lange Zeit nachteiliger Behandlung in den Verkehrsangelegenheiten ansprach. Ein weiteres Argument fand sich am vorhandenen Potential von Arbeitskräften; sowohl für die Einpendler, als auch für jene Firmen, die in den Albdörfern Zweigwerke errichten wollten. Reutlingen legte eine von 6.103 Bürgern unterzeichnete Resolution vor. Aus Reutlingen und Umgebung kamen 3.580, aus dem Raum Münsingen 2.236, aus vier Gemeinden des Oberamts Ehingen 123, aus zwei Gemeinden des Oberamts Blaubeuren 120, aus Ohnastetten, Oberamt Urach 21 sowie aus verschiedenen weiteren Orten 23 Unter-

sage der volkswirtschaftlichen Kommission der Abgeordnetenkammer weitere schriften. Reutlingen fand beim Oberamt Münsingen und durch eine positive Aussage der volkswirtschaftlichen Kommission der Abgeordnetenkammer weitere Unterstützung. Wegen des größeren zu erschließenden Verkehrsgebietes sprach sich auch die Generaldirektion der Staatsbahnen für eine Bahnführung im Echaztal aus. Zugleich wurde von dieser Seite darauf verwiesen, daß Urach bereits einen Staatsbahnanschluß besäße.

Während einer Sitzung der Kammer der Abgeordneten kamen am 6. Juni 1887 schließlich alle Petitionen zur Aussprache. Der Abgeordnete des Bezirks Reutlingen-Amt, Wendler, führte aus, daß er eine neue Albüberquerung durch eine Vollbahn wünsche. Weiter sei zu bedenken, daß der Verkehr nach Westen weitergehe. Bei einem Anschluß Urachs erhalte man in Metzingen eine Kopfstation. Er wies darauf hin, daß der Anschluß in Reutlingen einen größeren Teil der Alb durchschneide und eine höhere Zahl von Ortschaften berühren würde als beim Aufstieg vom Ermstal. Die günstigen Voraussetzungen veranlaßten den Oberbürgermeister von Reutlingen im Auftrag des Eisenbahn-Komitees zur Übernahme der Kosten für sämtliche Vorarbeiten. Der Gedanke richtete sich auf eine zügige Bauausführung.

Die Generaldirektion nahm das Angebot an, so daß im Winter 1887/88 die Kostenvoranschläge und Pläne für den Abschnitt Reutlingen – Honau ausgearbeitet werden konnten.

Am 29. März 1889 verpflichtete sich das Oberamt Reutlingen zur Übernahme der Grunderwerbskosten, wenn die Strecke bis Honau sofort begonnen würde und bis zum 1. Januar 1890 die Bahn bis Münsingen gesetzlich verankert wird.

PROJEKTIERUNG
Reutlingen – Münsingen

Bereits zwei Tage zuvor brachte die Regierung den Gesetzentwurf für die Finanzperiode 1889/91 ein. Hierin hieß es in Artikel 2 (Absatz 2):

„Eisenbahnen sind herzustellen: ...von Reutlingen über Pfullingen, Honau und Kleinengstingen nach Münsingen. Von dieser Eisenbahn ist zunächst die Strecke von Reutlingen bis Honau auszuführen und es werden hiefür bestimmt 1.236.000,- Mark. Mit der Ausführung ist vorzugehen, wenn seitens der Amtskorporation Reutlingen die Erstattung der auf 264.000,- Mark veranschlagten Kosten für den dauernd erforderlichen Grund und Boden übernommen und der vorübergehend erforderliche Grund und Boden zur Benützung für die Zeit des Bedürfnisses kostenfrei zur Verfügung gestellt wird. Die Bestimmung des Zeitpunkts der Inangriffnahme der Strecke von Honau bis Münsingen sowie des von den Beteiligten zu leistenden Beitrags zu dem Bauaufwand bleibt späterer Verabschiedung vorbehalten."

In der Gesetzesbegründung wird auf die Beratung vom 6. Juni 1887 verwiesen und auf das erhöhte jährliche Eisenbahndefizit eingegangen. Ebenso fand Erwähnung, daß in absehbarer Zeit mit einer Rentabilität der Bahn nicht zu rechnen sei. Ferner wird erklärt, daß bei einer dem Verkehrsbedürfnis völlig genügenden Zahnradbahn beim Albaufstieg eine erheblich billigere Herstellung gegenüber einer Vollbahn zu erreichen sei und daß damit die Fortsetzung der Bahn von Honau nach Münsingen und weiter nach Osten als bauwürdig angesehen werden könne. Die Lage der Endstation Honau gestatte den Aufstieg in einer Steigung von 1 : 5 mittels Zahnradbahn bei Kosten von 1,5 Millionen Mark bis Kleinengstingen. Für eine gewisse Leistungsfähigkeit der Strecke sollte die Neigung jedoch 1 : 10 nicht übersteigen. Man ging davon aus, daß mit zwei Maschinen mindestens das selbe Zuggewicht befördert werden könne wie auf einer mit 1 : 40 geneigten Adhäsionsbahn.

Zum Vergleich wurde noch eine Vollbahn von Reutlingen nach Kleinengstingen bei einem von Honau ausgehenden Albaufstieg mit Kosten von acht Millionen Mark angeführt.

Alternativ hätte die in Pfullingen ausgehende Variante durch das Zellertal mit einer Sackbahn untergeordneter Bedeutung nach Honau 7,1 Millionen Mark erfordert. Den errechneten Einnahmen von 84.000,- Mark pro Jahr standen Ausgaben in Höhe von 38.000,- Mark gegenüber. Ein Reinerlös wurde nicht sofort nach der Betriebsaufnahme angenommen, sondern erst für die Zeit, wenn die Echazbahn in der Bevölkerung fest etabliert sei. Dieser Ertrag reichte immerhin aus, um das Baukapital von 1.220.000,- Mark verzinsen zu können. Die auf 1,5 Millionen Mark errechneten Kosten ließen einen Betrag von 280.000,- Mark ohne Verzinsung. Es wurde daher angeregt, die zum Grunderwerb veranschlagten Kosten von 264.000,- Mark als Beitrag zum Bahnbau zu verlangen.

Unklar blieb zunächst der Baubeginn für den Abschnitt zwischen Honau und Münsingen. Nochmals versuchte das Eisenbahn-Komitee Urach die Entscheidung zu beeinflussen. Dessen Vorschlag ging dahin, nur die Bahn bis Honau zu genehmigen, darüber hinaus die Entscheidung über einen Weiterbau von Urach oder von Honau aus offen zu lassen. Um dieses Vorhaben gebührend zu unterstützen, bot die Ermstal-Bahngesellschaft die Abgabe ihrer Bahn für 1,5 Millionen Mark an.

Mit großer Mehrheit entschied sich jedoch die Abgeordnetenkammer während der Sitzung vom 14. Juni 1889 für den Regierungsentwurf, welcher von der Kammer der Standesherren eine Woche darauf ratifiziert wurde.

Die juristische Grundlage für den Bahnbau bildete das Gesetz vom 28. Juni 1889. Darin wurde erstmals im Königreich Württemberg zwischen Haupt- und Nebenbahnen unterschieden. Lediglich bei der Linie Schiltach – Schramberg war zwei Jahre zuvor im Gesetzestext eine „lokale Zweigbahn" erwähnt worden.

Im Jahr 1890 wurde der Weiterbau bis Münsingen beschlossen. Erwähnenswert sind die Verhandlungen der Kammer der Abgeordneten am 24. April 1890 und hier besonders die Ausführungen von Baurat Klose zum Zahnradbetrieb. Dabei führte er an, daß die Lokomotiven stets an der Spitze des Zuges fahren und nicht schieben sollten.

Am Ende der Verhandlungen wurde der Antrag der Kommission einstimmig angenommen und am 10. Mai 1890 in Namen des Königs von Württemberg folgender Text verkündet:

„*In dem Rechnungsjahr 1890/91 ist der Bau der Eisenbahnstrecke von Honau über Kleinengstingen nach Münsingen in Angriff zu nehmen und es werden hierfür bestimmt 2.530.000,- Mark. Mit der Ausführung ist vorzugehen, wenn von den Beteiligten die Erstattung der Kosten der Vorarbeiten und der auf 210.000,- Mark veranschlagten Kosten für den dauernd erforderlichen Grund und Boden zur Benutzung für die Zeit des Bedürfnisses kostenfrei zur Verfügung gestellt wird."*

Voranschläge der Baulose im Abschnitt Reutlingen – Honau

Maßnahme	I. Baulos	II. Baulos	III. Baulos
Beginn des Bauloses	km 0+500	km 5+390	km 8+900
Markung	Reutlingen	Reutlingen	Oberhausen
Ende des Bauloses	km 5+390	km 8+900	km 12+820
Markung	Reutlingen	Oberhausen	Honau
Länge des Bauloses	5.168 m	4.514 m	3.020 m
Bahnhöfe	Pfullingen	——	Honau
Haltestellen	Eningen	Oberhausen	——
1. Erd-, Fels- und Böschungsarbeiten	205.214,41	108.191,22	341.987,14
2. Wegübergänge	30.436,52	44.721,72	3.809,92
3. Durchlässe und Brücken	18.647,45	23.477,65	29.549,00
4. Oberbau (Bettung)	35.114,40	23.642,00	26.921,00
5. Bahnhöfe/Haltestellen	9.565,80	6.319,00	6.150,00
Gesamtvoranschlag	298.978,58	206.351,59	408.417,06

Hochbauarbeiten für Verwaltungsgebäude und Güterschuppen

Art	Eningen	Pfullingen	Unterhausen	Honau
Grabarbeiten*	190,40	176,40	190,40	89,60
Betonarbeiten*	1.818,54	6.269,60	1.818,54	2.942,61
Maurerarbeiten*	1.954,52	7.125,16	1.954,52	2.557,34
Steinhauerarbeiten*	268,83	538,90	268,83	290,61
Gipserarbeiten	407,79	1.136,65	407,79	542,34
Zimmerarbeiten	4.478,06	9.722,44	4.478,06	5.105,84
Schmiedarbeiten	309,50	578,05	309,50	294,50
Schreinerarbeiten	1.205,96	3.473,16	1.205,96	1.460,29
Riemenböden	353,40	1.437,55	353,40	550,50
Glaserarbeiten	341,55	905,90	341,55	399,21
Schlosserarbeiten	765,25	2.027,50	765,25	851,45
Flaschnerarbeiten	833,21	2.948,50	833,21	939,01
Hafnerarbeiten	17,80	35,60	17,80	24,60
Anstricharbeiten	657,86	1.471,90	657,86	781,45
Tapezierarbeiten	0,00	133,10	0,00	76,50
gesamt	13.602,67	37.980,41	13.602,67	16.905,85

alle Angaben in Mark

| ausgeschrieben am | 22.7.1891 | 19.6.1891 | 22.7.1891 | 8.1891 |

Betriebsbauamt Reutlingen, Zimmer

* = diese Arbeiten wurden jeweils nur an einen Unternehmer vergeben.

BAHNBAU
Reutlingen – Honau

Gleichzeitig mit der Erbauung der Echazbahn wurde eine großzügige Erweiterung der Rangiergleise im nördlichen Reutlinger Bahnhofsbereich durchgeführt. Man erhoffte sich unter anderem den Wegfall der häufigen Betriebsstörungen im Verlauf der Friedhofstraße. Zwar sollte dabei der schienengleiche Übergang nicht wegfallen, jedoch für die Fußgänger eine Unterführung geschaffen werden. Für den Hauptbahnsteig nahm man ferner eine Überdachung in die Planung auf.

Im November 1891 wurde über den Erwerb der zur Bahnhofserweiterung und die Einführung der Echazbahn erforderlichen Grundstücke verhandelt. Die Bahnverwaltung ordnete hierzu Kanzleirat Ditzinger aus Stuttgart ab. Die Grundeigentümer stellten jedoch so hohe Forderungen, so daß fast alle Gespräche zunächst ergebnislos verliefen. In einem Fall soll für ein Grundstück von etwa einem halben Morgen mit etwas Baumbestand ein Kaufpreis von 25.000,- Mark verlangt worden sein. Der Bahnverwaltung lag allerdings eine königliche Verordnung vor, erforderliche Grundstücke im Wege der Zwangsenteignung zu erwerben. Die Verhandlungen konnten bald abgeschlossen werden, daß Anfang Dezember mit den Arbeiten zur Erweiterung der Reutlinger Bahnanlagen durch den Bauunternehmer Rosarro begonnen werden konnte. Zahlreiche deutsche und italienische Männer waren zu beiden Seiten der nach Metzingen führenden Gleise mit dem Abtragen der acht Meter hohen Böschung tätig. Der linksseitige Abraum wurde mittels einer Feldbahn zu einem von der Echaz und der Friedhofstraße begrenzten Acker transportiert. Das Erdreich von der gegenüber liegenden Seite kam täglich in vier Zügen von acht bis zehn Wagen nach Kirchentellinsfurt zur Höherlegung des Bahndammes.

Für die Einführung der Echazbahn in den Bahnhof Reutlingen wurde am 19. April 1892 das Verlegen der Schienen ausgeschrieben. Es handelte sich um etwa 200 Meter Gleis auf eisernen Querschwellen mit I-Profilschienen, 400 Meter Gleis auf hölzernen Schwellen mit C-Profilschienen, fünf Weichen auf eisernen und sechs Weichen auf Holzschwellen.

Die Rodungs- und Abräumarbeiten veranschlagte man mit 3.000,- Mark, die Erd- und Felsbewegung mit 103.208,37 Mark, die Herstellung der Böschungen mit 9.200,- Mark sowie die Entwässerungsarbeiten mit 2.805,- Mark.

Zur selben Zeit gab es Bestrebungen, die obere Neckartalbahn mit einem zweiten Streckengleis auszustatten. Begründet wurde dies mit der Sicherheit und aus betriebstechnischen Gesichtspunkten. Auf dieser Bahnlinie verkehrten damals planmäßig 28 Züge pro Tag.

Im ersten Bauabschnitt der Echazbahn mußten neben zahlreichen Brücken vor allem Einschnitte und Dämme, teilweise in nassem und rutschigem Terrain, hergestellt werden. Ein Einschnitt im dritten Arbeitslos mußte bis zu 11,7 Meter tief abgegraben werden. Allein dieses Baulos enthielt auf einer Länge von drei Kilometern nicht weniger als fünf Einschnitte und neun Dämme. Desweiteren fielen umfangreiche Arbeiten zur Verlegung von Straßen und Wegen an. Im Verlauf der Bahnlinie gab es Neigungen bis 1 : 45 auszuführen. Der kleinste Bogenhalbmesser wurde mit 180 m angegeben. Mit Ausnahme des Bahnhofs Pfullingen wurden die Stationsgebäude aus Fachwerk mit Schindel- und Bretterschirm erstellt.

Die Verhandlungen zum Erwerb des für den Bahnbau erforderlichen Grund und Bodens wurden bereits zu Beginn des Jahres 1891 aufgenommen. In der Reutlinger Gemarkung konnten diese im Laufe des April beendet werden. Lediglich ein Grundeigentümer entschloß sich nicht zur Annahme des ihm unterbreiteten Angebotes, so daß gegen ihn das Verfahren zur Zwangsenteignung eingeleitet werden mußte. Von insgesamt 151 Eigentümern waren rund sieben Hektar Gelände zu erwerben. Je Ar zahlten die Staatsbahnen durchschnittlich 145,- Mark. Die Voranschläge für die Reutlinger Markung mit 100.000,- Mark wurden daher nur geringfügig überschritten. Zu diesem Zeitpunkt war der Grunderwerb in Oberhausen bereits abgeschlossen. In der Gemeinde Unterhausen liefen sie noch, in Pfullingen und Honau waren sie für die nächste Zeit vorgesehen. Auch hier verhandelte seitens der Bahnverwaltung wieder Kanzleirat Ditzinger mit den betroffenen Grundeigentümern.

Der erste Abschnitt des späteren Schienenweges vom oberen Neckartal über die Alb zum Donautal wurde in drei Baulose aufgeteilt. Sämtliche auf dem Teilstück Reutlingen – Honau anfallenden Arbeiten schrieb die Generaldirektion in Stuttgart zwischen Mai und Juli 1891 aus. Die Angebote für das erste Baulos mußten bis zum 21. Mai abgegeben werden. Eine Entscheidung über die Bauvergabe fiel rasch, damit am Mittwoch, den 30. Juni 1891, die Arbeiten beginnen konnten. Den ersten Spatenstich führten Arbeitskräfte der Firmen Strauß und Palmer aus. Die Vergabe für das nächste Baulos stand unmittelbar bevor und der Zuzug von italienischen Arbeitern machte sich bemerkbar. Wenige Tage später war schon reges Treiben vom Reutlinger Bahnhof bis zur Metzinger Straße zu registrieren: Italienische Arbeitskräfte stellten eine Rollbahn her. Die Geräteschuppen für die Werkzeuge und den Wirtschaftsbetrieb standen ebenfalls vor der Fertigstellung.

Im August 1891 waren die Arbeiten für das erste Baulos im Abschnitt bis zum Eninger Rank in vollem Gang. In den Weinbergen des westlichen Ausläufers der Achalm konnte man schon den künftigen Einschnitt der Bahn erkennen. Mit dessen Abraum wurde bis zur Silberburg ein hoher Damm errichtet, worüber bereits die Gleise der schmalspurigen Feldbahn führten. Auch links der Metzinger Straße verkehrte eine Arbeitsbahn: Sogenannte Erdlokomotiven zogen die mit Abraum beladenen Rollwagen zum nördlich des Friedhofs gelegenen Auffüllplatz. Oberhalb des Güterbahnhofs überquerten sie auf einer Brücke die Gleise der Hauptstrecke.

Zu dieser Zeit zeichneten sich auch erste Aktivitäten im oberen Echaztal ab. So erwarteten hier zahlreiche italienische Arbeitskräfte die mit Schienen beladenen Rollwagen.

Ende August 1891 mußte die Metzinger Straße wegen der Bauarbeiten unterbrochen und durch eine Notbrücke ersetzt werden. Der Einschnitt rechts dieser Straße zur Silberburg war bereits nahezu vollendet. Hunderte von Arbeitern waren gleichzeitig mit der Herstellung des Einschnitts in den Weinbergen unterhalb des Scheibengipfels beschäftigt. Mit Rollwagen beförderte man den Abraum zu den Abtswiesen, wo rund 40.000 m³ Erdreich gelagert werden mußte. Zur selben Zeit hatten die Arbeiter zum Bau des Eninger Bahnhofsgebäudes das Schnürgerüst errichtet.

Anfang September waren sämtliche Baulose vergeben und die Arbeiten in vollem Gang. Die Aushubarbeiten für den Einschnitt hinter dem Reutlinger Bahnhof hatten inzwischen begonnen, ebenso für die Verwaltungsgebäude in Unterhausen und Eningen. Tiefe, lockere Tuffsandstein-Schichten oberhalb von Pfullingen bei der Pa-

pierfabrik Krauß erforderten kostspielige Gründungsarbeiten. Zur Überbrückung der Staatsstraße von Pfullingen nach Honau schütteten hunderte von Arbeitskräften einen Damm auf und errichteten eine zehn Meter lange Notbrücke.
Am 25.9.1891 ereignete sich bei Pfullingen ein erster schwerer Unfall: Gegen 6 Uhr abends wollte eine Arbeiterin die quer zur Straße verlegten Gleise der Feldbahn überschreiten. Dabei wurde sie von einem Rollwagen erfaßt und ihr linker Fuß überrollt.
Zu dieser Zeit kündigten sich auch die ersten Aktivitäten beim Albaufstieg an: In der Honauer Steige entstand eine Arbeitshütte und im Dickicht des Waldes ein Magazin für das Sprengpulver.
Ein weiterer Unfall ereignete sich am 16. Oktober: Nahe der Reutlinger Villa Majer fiel ein als Bremser tätiger Arbeiter während der Fahrt von einem Rollwagen. Er wurde überfahren und erlitt dabei schwerste Verletzungen.
Am 10. November 1891 wurde im Stadtgebiet von Reutlingen zwischen der Villa Majer und dem Heilbronnen im Posidonienschiefer ein 1,30 m langer Mammutzahn in acht Meter Tiefe freigelegt. Einen anderen Fund gab es bei Pfullingen: Hier stießen die Bauarbeiter auf Alamannengräber. In Honau wurden ferner zwei römische Münzen, je eine aus Bronze und Kupfer, entdeckt. Sämtliche Fundstücke gelangten in die königliche Landessammlung.
Bis zum Jahresende konnte die Staatsstraßen-Überführung von Reutlingen nach Metzingen über die künftige Echazbahn fertiggestellt werden. Zu dieser Zeit wurden auch beide stählernen Brücken im sogenannten Hohlweg über einen Arm des Eninger Dorfbaches und den Aarbach (rechter Zufluß der Echaz) vollendet. Insgesamt gab es acht Bahn- und Straßenbrücken auszuführen. Der hierfür erforderliche Stahl wies ein Gesamtgewicht von 93,7 Tonnen auf. Außerdem wurden 285 m² forchene Brückenschwellen benötigt. Die ungünstige Witterung erschwerte zunächst die Erdarbeiten am Durchstich der Metzinger Straße. Bis Dezember 1891 waren diese aber soweit gediehen, daß die Strecke von der neuen Brücke an auf die gleiche Tiefe der oberen Neckartalbahn gebracht war und der Oberbau montiert werden. Wegen in der oberen Schicht des schwarzen Jura erforderlicher Sprengarbeiten verzögerte sich der Aushub von der Brücke bis zur Silberburg. Die beidseits der Bahn verlaufenden Bachläufe pflasterte man mit Steinen aus den Eninger Brüchen. Ende Dezember konnten schließlich die Arbeiten am Oberbau beginnen.
Zu Beginn des Jahres 1892 trat jedoch eine Verzögerung beim Bahnbau auf: Bei der Straßenüberführung nahe den Firmen Krauß und Laiblin ereignete sich aufgrund einer mangelhaft ausgeführten Sickerdohle ein Hangrutsch. Die Erstellung einer Betonmauer erwies sich als unumgänglich, doch konnte diese Baumaßnahme wegen der niedrigen Temperaturen vorläufig nicht ausgeführt werden.
Im März wurden die Arbeiten für Einfriedungen, Abschrankungen und Signale zur Vergabe ausgeschrieben. Dabei handelte es sich um:

Zimmerarbeiten	5.191,00 Mark
Steinhauerarbeiten und Steinanlieferung	3.497,20 Mark
Schmiedearbeiten	135,70 Mark
insgesamt	8.823,90 Mark

Zur Ausstattung der Stationen Eningen, Pfullingen, Unterhausen und Honau mit Schreibtischen, Tischen, Schränken und Aktengestellen waren 1.308,50 Mark veranschlagt.

Mitte April konnte endlich mit dem Legen der Schienen begonnen werden. Die Montage der Gleisanlagen führte die Firma Zimmermann & Schäfer innerhalb von fünf Wochen durch. Diese Arbeiten fanden am 20. Mai ihren Abschluß, ebenso war die Telegraphenleitung fertiggestellt. Zu diesem Zeitpunkt mußten lediglich noch Pflasterungen an einigen Wegübergängen und Verladeplätzen durchgeführt werden. Am 26. Mai 1892 fand die erste Probefahrt mit den Normalprofilwagen durch den Bauamtsvorstand und die bauleitenden Beamten statt. Tags darauf befuhr ein offizieller Sonderzug die Strecke, an dem unter anderem Direktor von Schlierholz, Oberingenieur Baurat Fuchs, beide aus Stuttgart und Bauinspektor Zimmer aus Reutlingen teilnahmen. Am selben Tag nahm man auch die Probebelastung aller Bahnbrücken zwischen Reutlingen und Honau vor. Per 28. Mai erfolgte die kommissarische Übernahme der neuen Bahn. Einen Tag vor den Festlichkeiten zur Bahneröffnung gab es noch eine Extrafahrt für die Bediensteten und Familienangehörigen der Echazbahn.

ERÖFFNUNG
Reutlingen – Honau

Als Termin für die Eröffnungsfeier hatte man zunächst den 31. Mai vorgesehen, der jedoch um einen Tag verschoben werden mußte. Unter anderem nahmen daran folgende Persönlichkeiten teil: Staatsminister Freiherr Dr. von Mittnacht, Direktor von Balz, Baudirektor von Schlierholz, Ministerialrat Majer, Direktor von Leibbrand, Geheimrat von Hofacker, Baurat Fuchs und die Finanzräte Kaltenmarkt, Klett und Straßer. Alle Festgäste aus dem Raum Stuttgart trafen mit dem planmäßigen Zug pünktlich um 9.21 Uhr in Reutlingen ein, wo sie von den bürgerlichen Kollegien, Vertreter staatlicher und städtischer Behörden, die Geistlichkeit, das Eisenbahn-Komitee sowie der Ortsvorsteher vom Unteramt empfangen wurden. Von den Landtagsabgeordneten war außer dem Vertreter des Bezirks Reutlingen aus Gomaringen Kaufmann Wendler und der Abgeordnete für Münsingen, Gutsbesitzer Rath, anwesend. Die Begrüßung nahmen Regierungspräsident von Luz, der Vorstand der Amtsversammlung, Oberamtmann Regierungsrat Kauffmann und im Namen der Stadt Oberbürgermeister Benz vor. Anschließend wurde auf Einladung der Stadt im „Kronprinzen" eine Erfrischung gereicht. Daran schloß sich die Fahrt im mit Girlanden und Fähnchen geschmückten Eröffnungszug nach Honau an. Auf dem Führerstand versahen Oberinspektor Knapp und Obermaschinenführer Fischer den Dienst. Unter den Klängen der Reutlinger Stadtkapelle im ersten Wagen setzte sich der mit rund 300 Personen voll besetzte Zug in Bewegung.
Die Strecke war von zahlreichen Schaulustigen gesäumt, welche alle dem Ereignis beiwohnen wollten. Bald erreichte der Eröffnungszug die erste Station Eningen. Unter Begleitung mehrerer Vertreter der bürgerlichen Kollegien richtete Pfarrer Gußmann einige Worte an den Ministerpräsidenten.
Nach kurzer Fahrt hielt der Zug unter Böllerschüssen in Pfullingen, wo bereits eine große Menschenmenge die Gäste erwartete. Stadtschultheiß Schwille lobte in seiner Ansprache insbesondere das Tempo während des Bahnbaus und brachte ein Hoch auf den König aus. Für den musikalischen Rahmen sorgten die Schuljugend und der Liederkranz. Abschließend sprach Fräulein Emilie Kurtz, eine Nichte des um die

Echazbahn verdienten Fabrikanten J. Krauß ein Gedicht. Unter dem Gesang der Königshymne und andauernden Hochrufen setzte der Zug seine Fahrt fort.
In Unterhausen hatten die Bewohner der an die Bahnlinie angrenzenden Häuser ihre Fenster mit Fähnchen und Laubgebinden geschmückt. Schultheiß Bader sprach im Namen der beiden Gemeinden Ober- und Unterhausen den Willkommensgruß. Der Sängerbund brachte ein Lied dar und ein Hoch auf den König beendete auch hier die Feierstunde.
Am vorläufigen Endbahnhof Honau hatten sich wieder zahlreiche Menschen versammelt, voran die bürgerlichen Kollegien, Militärvereine, Feuerwehr und Ortsvorsteher von Groß- und Kleinengstingen, Genkingen und Holzelfingen. Als erster Redner hieß Fabrikdirektor Kusel von Unterhausen den Minister willkommen. Kurz vor halb zwölf Uhr mittags kehrten die mittlerweile rund 400 Teilnehmer im Gasthof „Lichtenstein" zu einem Imbiß ein. Dort hielten auch Landtagsabgeordneter Wendler und der Ministerpräsident ihre Festreden.
Mit dem König-Karl-Marsch und Böllerschüssen, denen vom Försterhaus auf dem Lichtenstein Kanonen antworteten, trat man gegen ein Uhr die Rückfahrt an.
Nach der Ankunft in Reutlingen fand im Saal des Gasthofes „Kronprinzen" das vom Fabrikanten Finkh arrangierte Festessen mit etwa 150 Gästen statt. Dabei kamen folgende Persönlichkeiten zu Wort: Regierungspräsident Luz, Ministerpräsident Freiherr von Mittnacht, Oberbürgermeister Benz von Reutlingen, Professor Beißwanger als Vorstand des Gewerbevereins, die Abgeordneten Wendler und Rath, Direktor von Leibbrand, Baurat Fuchs sowie Direktor Kusel aus Unterhausen. Zum Kreis der Redner gehörten ferner Redakteur Rupp, Fabrikant Laiblin, Schriftsteller Stieb, Fabrikant Krauß und Oberförster Bofinger.
Im planmäßigen Zug fuhren alle Teilnehmer aus Stuttgart um 6.26 Uhr abends wieder zurück. Die zahlreich versammelten Reutlinger verabschiedeten die Gäste mit lautstarken Hochrufen.

LÄNDERBAHNZEIT
Reutlingen – Honau

Mit dem in Honau um 6.30 Uhr abgehenden Frühzug Nr. 588 begann am 3. Juni 1892 der öffentliche Verkehr auf der Echazbahn. Die Stationen Eningen, Pfullingen und Unterhausen waren für den gesamten Verkehr eingerichtet, Pfullingen-Papierfabriken, Unterhausen-Spinnerei und Honau dagegen zunächst nur für den Personenverkehr. Die Bahnlinie unterstand dem Betriebsinspektionsbezirk Tübingen und dem Betriebsbauamt Reutlingen.
Die Züge bespannten anfangs höchstwahrscheinlich die Schlepptender-Lokomotiven „Fc" oder „F2" (Umbau aus F). Nach der Ankunft in Honau mußten die Maschinen jeweils gedreht werden, wofür hier eine Drehscheibe vorhanden war.
Nach Inbetriebnahme der neuen Bahnlinie wurden neuerdings Tageskarten zur Besichtigung vom Schloß Lichtenstein eingeführt, um den Besucherstrom zu verteilen. Der Verkehr im Echaztal entwickelte sich recht gut. Vor allem nutzten Touristen die Bahnverbindung zu einem Ausflug des Lichtensteins. Als prominentester Gast während der ersten Betriebstage reiste Prinz Herrmann vom Herzogtum Sachsen-Wei-

mar mit einer größeren Gesellschaft hierher. Am Sonntag, den 13. Juni, herrschte ein derart großer Andrang, daß in beiden Richtungen mehrere Sonderzüge gefahren werden mußten. Alleine an Pfingsten wurden von Reutlingen nach Honau rund 8.000 Fahrkarten ausgegeben!

Deshalb regte man gegenüber der Generaldirektion an, sie möge doch an Sonn- und Feiertagen bereits morgens um 6 Uhr einen Zug von Reutlingen nach Honau verkehren lassen, ebenso an Werktagen den Zug 589 über Pfullingen hinaus einsetzen. Als Begründung nannte man die zahlreichen Besucher, die schon vor Ausbruch der Hitze die Albhochfläche ersteigen und somit größere Tageswanderungen unternehmen könnten. Außerdem würden durch diese Maßnahme die fahrplanmäßigen Züge entlastet. Wegen des regen Fremdenverkehrs erwähnte man ferner, daß die Schaffner beim Ausrufen der Stationen deutlichere Unterschiede zwischen „Pfullingen" und „Papierfabriken Pfullingen" sowie „Unterhausen" und „Baumwollspinnerei Unterhausen" machen sollten, da verschiedentlich Reisende den Zug an der falschen Station verlassen hatten.

Bald erwies sich die Achalm als ein weiteres beliebtes Ausflugsziel. Die Wanderer benutzten die Bahn bis nach Eningen, um anschließend über die königliche Meierei und die Burg Achalm den Albaufstieg vorzunehmen. Der Schwäbische Albverein nahm dies zum Anlaß, entsprechende Hinweisschilder anzubringen. Außerdem erhielt der Gutsverwalter die Erlaubnis zur Bewirtung der Gäste.

Ab dem 1. Juli 1892 bestanden in den Stationen Eningen, Pfullingen und Unterhausen neu eingerichtete Grenzsteuerämter. Damit konnten hier auch Waren, sofern diese der Steuerpflicht unterlagen, in andere Länder versendet werden.

Schon nach drei Betriebsmonaten entsprachen wegen des hohen Frachtaufkommens die Zufahrtsgleise und Güterschuppen in Eningen und Pfullingen nicht mehr den Anforderungen. Es tauchte die Frage auf, wie wohl der Güterverkehr erst im Herbst bewältigt werden könnte, wenn Obst, Wein und Hopfen hinzu kämen?

Ende 1892 wurden die Anschlußgleise zu den verschiedenen Unternehmen in Betrieb genommen. Neben den positiven Aspekten für den Betrieb tauchte bald der Vorschlag auf, wegen der langen Aufenthaltszeiten auf den einzelnen Stationen im Frühjahr und Sommer eigens einen Güterzug auf der Echazbahn einzulegen.

Nach Eröffnung des Güterverkehrs von der Station Honau wurde hier zum 1. Februar 1893 ebenfalls ein Grenzsteueramt eingerichtet.

Mit Wirkung vom 15. Mai 1893 galten auf den Stationen Eningen, Pfullingen, Unterhausen und Honau auch die Tarife für den Güterverkehr mit Berlin, Schlesien, Sachsen, Ostpreußen, West- und Mitteldeutschland sowie dem Rheinland, Westfalen und Südwestdeutschland.

In der 46. Sitzung der Abgeordnetenkammer am Donnerstag, den 25. Mai 1893 stand auch die Eisenbahn auf der Tagesordnung. Dem Abgeordneten Wendler fiel die Angabe auf, daß die Strecke Reutlingen – Honau nur eine geringe Rentabilität abwerfe. Er vertrat die Meinung, daß der Personenverkehr ziemlich bedeutend sei. Daß der Güterverkehr nicht den Erwartungen entspräche, liege an einigen großen Unternehmen. Diese führten bis zur Fertigstellung der Anschlußgleise in Pfullingen ihren Hauptversand in Reutlingen durch. Präsident von Balz erwiderte ihm, daß es zweifelhaft sei, daß die Bahn eine viel größere Rentabilität abwerfe. Die zum 1. April aufgestellten Berechnungen ergaben, daß der Personenverkehr annähernd die erwarteten Zahlen erreicht hatte, während der Güterverkehr aus den genannten Gründen zurückgeblieben sei. Es könne aber erwartet werden, daß auch diese Bahn eine befriedigende Rentabilität abwerfe.

Mit den Abendzügen trafen am 2. Juli 1893 der Kriegsminister Freiherr Schott von Schottenstein, Oberst von Schnürlen, die Majore Freiherren von Wöllwarth und Funk, der Minister des Inneren von Schmid, Präsident Freiherr von Ow-Wachendorf sowie verschiedene Vertreter der 1. und 2. Kammer, die Professoren der Akademie Hohenheim in Reutlingen ein. Tags darauf begaben sich die Herren auf die Alb, um die dort befindliche Gestütshöhe zu besichtigen.

Am Nachmittag des 5. August 1893 gegen 2.30 Uhr kündigten Böllerschüsse die Ankunft des Herzogs Wilhelm von Urach mit seiner Familie und Gefolge auf dem Honauer Bahnhof an. Die Herrschaften wurden im Auftrag des Honauer Kriegervereins, der den Namen des Herzogs führte, durch Vorstand Karl Seitz begrüßt. Er überreichte der Herzogin einen Blumenstrauß, ehe sie zur Weiterfahrt nach Schloß Lichtenstein aufbrachen.

Zu dieser Zeit regten sich auch Münsinger Geschäftsleute, die über den geplanten Bahnanschluß gar nicht positiv dachten. Man befürchtete, daß sich Reutlingen künftig für die Alb noch mehr als bisher zum primären Handelsplatz entwickeln würde. Diese Annahme wurde dadurch unterstrichen, daß die Stadt Reutlingen alles aufbieten werde, um die neue Strecke ihrem Handel und Gewerbe nutzbar zu machen.

Nach kurzer Zeit regten sich über die neue Eisenbahnlinie durch das Echaztal auch kritische Stimmen. Folgende Punkte sind in einer Schrift zusammengefaßt, welche ein namentlich unbekannter Techniker 1894 veröffentlichte:

-Wechsel der Talseite oberhalb von Pfullingen, was allein auf einer Strecke von 500 Metern vier Brückenbauwerken erforderlich machte. Stattdessen hätte am rechten Ufer der Echaz nur eine Brücke errichtet werden müssen. Ferner waren für die linksseitige Bahnführung durch ein Quellgebiet weitere finanzielle Mittel erforderlich geworden.

-Die Trasse berührt zwei natürliche Berghänge, deren Sicherung gegenüber einem Verlauf auf der anderen Talseite beim Bau Mehrkosten von rund 200.000,- Mark verursacht habe.

-Zahlreiche schienengleiche Weg- und Straßenübergänge beeinträchtigen den Verkehr auf den Straßen erheblich, der gerade wegen der Echazbahn angestiegen sei.

-Die Gleisanschlüsse wiesen Neigungsverhältnisse von bis zu 1 : 26 und Krümmungshalbmesser von 90 Metern auf, weshalb ein Bewegen der Wagen nur mit Lokomotiven und Kosten von jeweils zwei Mark in Frage käme. Bei der linksseitigen Bahnführung wären die erwähnten Werte nicht angefallen und der Transport im Anschlußbetrieb auch mit Tieren möglich gewesen. Desweiteren beanstandete der Autor, daß die Anschlußgleise in Schmalspur ausgeführt worden seien. Seiner Meinung nach würden sich normalspurige Anschlußgleise nur bei täglich mindestens zehn Wagen lohnen. Dies sei hier aber nicht der Fall.

-Hinsichtlich der Betriebssicherheit beanstandete der Verfasser den Bahnverlauf hinter dem Reutlinger Bahnhof mit einer Kurve, dem Einschnitt und der Steigung. Eine Gleisführung zunächst in Richtung Metzingen und dann in einem größerem Bogen hätte den Schienenstrang auch näher an Eningen herangeführt.

-Der Techniker verwies weiter auf die Geröllhalden oberhalb von Honau. Hier hätte der Berg nicht einseitig angeschnitten werden dürfen. Es wären vielmehr die höheren Ausgaben für Stützmauern in Kauf zu nehmen gewesen. Er begründete dies mit dem ständig nachrutschenden Geröll aus den stark verwitterungsanfälligen Felswänden.

Voranschläge der Baulose im Abschnitt Honau – Münsingen

Maßnahme	I. Baulos	II. Baulos	III. Baulos	IV. Baulos
Beginn des Bauloses	km 13+208	km 19+241	km 24+380	km 29+451
Markung	Honau	Kohlstetten	Gomadingen	Marbach-Graf.
Ende des Bauloses	km 19+241	km 24+380	km 29+451	km 34+695
Markung	Kohlstetten	Gomadingen	Marb.-Graf.	Münsingen
Länge des Bauloses	6.039 m	5.139 m	5.071 m	5.244 m
Bahnhöfe	—	—	Marbach	Münsingen
Haltestellen	Kleinengst., Kohlstetten	Gomadingen	—	—
Haltepunkte	—	—	Offenhausen	—
1. Erd-, Fels- und Böschungsarbeiten	65.746,30	53.325,88	47.232,75	44.834,06
2. Wegübergänge	7.741,75	4.682,15	2.860,80	2.217,25
3. Durchlässe/Brücken	3.933,20	5.574,00	6.365,40	8.374,25
4. Oberbau (Bettung)	30.200,00	23.094,00	24.707,00	27.736,50
5. Bahnhöfe/Haltestellen	4.417,00	1.783,00	1.820,60	2.366,00
6. sonstige Anlagen	2.452,35	—	—	—
7. Straßen	—	1.628,02	891,20	2.322,51
Gesamtvoranschlag	114.490,60	90.087,05	83.877,75	87.850,57

Vergabe der Hochbauten

Ort	Verwaltungsgebäude	Nebengebäude	Lokschuppen	gesamt
Honau	—	—	10.845,64	10.845,64
Lichtenstein	10.399,21	2.257,70	—	12.656,91
Kleinengstingen	12.543,16	1.781,11	—	14.324,27
Kohlstetten	6.778,15	1.062,07	—	7.840,22
Gomadingen	15.966,19	1.662,15	—	17.628,34
Marbach a. d. L.	18.059,07	2.408,58	—	20.467,65
Münsingen	17.157,39	3.138,35	15.350,94	35.646,68
Münsingen (Dienstw.)	—	14.413,74	—	14.413,74

alle Angaben in Mark

BAHNBAU
Honau – Münsingen

Die Vorarbeiten im schwierigsten Streckenabschnitt hatten bereits am 11. September 1891 mit dem Vermessen und der Durchführung von Probebohrungen begonnen. Ende Dezember konnten die Verhandlungen zwischen dem königlichen Betriebsbauamt und den Gemeinden abgeschlossen werden. Die Gemeinde Kleinengstingen übernahm die Kosten für den Grunderwerb (etwa 45 Ar) und sicherte ferner einen Baukostenzuschuß in Höhe von 2.000,- Mark zu. Der Standort vom Bahnhof Engstingen mußte allerdings gegenüber den ursprünglichen Plänen geändert werden. Auf eine mögliche Anschlußbahn ins Lauchertal hatte man schon Rücksicht genommen und aufgrund der Bodenverhältnisse wäre die Bahnstation etwa einen Kilometer von der Staatsstraße Reutlingen – Riedlingen zur Ausführung gekommen. Die große Entfernung sowohl zum Ort, als auch zur Straße, veranlaßte die bürgerlichen Kollegien zu Gesprächen mit dem königlichen Bauamt. Dieses erachtete den Einwand als gerechtfertigt und ließ mögliche Alternativen untersuchen. Letztlich sah man den Bahnhof in den Zeegwiesen unweit der Staatsstraße vor. Deren Verlauf mußte dafür allerdings verlegt werden, da sie sonst die Bahnlinie auf einem kurzen Stück zweimal gekreuzt hätte.
Wenig später hatte der Bauamtsvorstand die bürgerlichen Kollegien von Münsingen eingeladen, um den künftigen Verlauf der Bahnanlagen zu besprechen. Dort bewertete man es positiv, daß die Bahnstation in unmittelbarer Nähe zur Stadt entstehen sollte.
Nach Abschluß aller Vorarbeiten konnten Anfang März 1892 die Verhandlungen zum Grunderwerb aufgenommen werden.
Direkt im Bahnhof Honau sollte die Steilrampe beginnen, deren Bauaufwand alle weiteren anfallenden Arbeiten übertraf. In deren Verlauf mußten zwölf Bögen erbaut

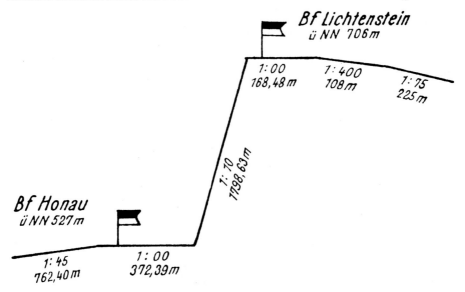

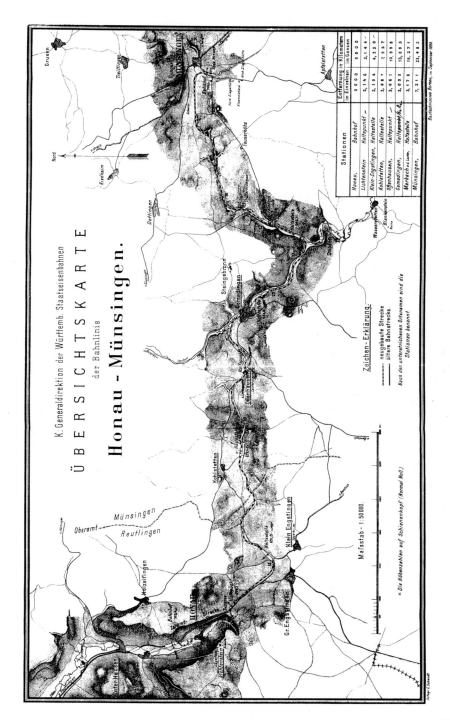

werden, die zur besseren Unterhaltung der Zahnstange alle einen einheitlichen Halbmesser von 280 Metern aufweisen sollten. Ansonsten sah man im weiteren Verlauf des Neubauabschnitts nach Münsingen als kleinsten Radius 200 Meter vor.
Im Bereich der Bergstrecke mußte an einer Echazquelle die erste Schlucht „im Neubronnen" mit einem bis zu 17,3 Meter hohen Damm überquert werden. Eine weitere hohe Schlucht war „im Winkel" mit einem Damm von 14 Metern Höhe zu überbrücken. Im übrigen war fast die gesamte Steilstrecke in geschlossenem oder einseitig angeschnittenen Einschnitt anzulegen.
In geognostischer Hinsicht mußten beim Bahnbau vier Juraformationen angeschnitten werden. Zur Beseitigung der teilweise in rutschigem und von Letten durchzogenem Terrain angelegten Einschnitten waren ausgedehnte Abflachungen, Entwässerungsanlagen und Futtermauern auszuführen. Nach sorgfältiger Befestigung des Untergrundes und Trockenlegung mußten die hohen Dämme mit Steinen verkleidet werden, was nur mit aufwendigen Gerüsten, bzw. Seilbahnen erledigt werden konnte.
Im August 1892 ereigneten sich auf der Honauer Steige kurz hintereinander zwei Unglücksfälle: Von einem herabrollenden Stein wurde ein Italiener zu Boden geworfen. Größere Verletzungen blieben ihm erspart. Ein Oberhausener Bürger fiel, getroffen von einem abgelösten Felsbrocken, in einem Steinbruch hinunter und zog sich erhebliche Kopfverletzungen zu.
Der auf dem Zahnstangenabschnitt verlegte Oberbau bestand aus eisernen Querschwellen und neun Meter langen D-Profil-Schienen.
Beim weiteren Bahnbau auf der Albhochfläche erwartete man keine besonderen Schwierigkeiten. Die größte Neigung auf der Adhäsionsstrecke mit 1 : 65 war zwischen Lichtenstein und Kleinengstingen sowie unmittelbar vor dem Bahnhof Münsingen vorgesehen.
Ende Oktober 1892 wurden die Arbeiten für das IV. Arbeitslos mit 5.244 Meter Länge zwischen Marbach und Münsingen an die Bauunternehmer Böpple und Berg aus Nürtingen übertragen. Dabei mußte das königliche Betriebsbauamt gegenüber dem Voranschlagswert einen Aufschlag von 8,25 % in Kauf nehmen. Das nächste Angebot wies einen Aufschlag von 15 % auf.
Am 19. Januar 1893 traf schließlich die erste Arbeitslokomotive auf der Alb ein. Wegen des strengen Winters mit Temperaturen bis zu -23 Grad ruhten zu diesem Zeitpunkt fast alle Bauarbeiten; lediglich annähernd fünfzig Italiener waren noch am sogenannten Doldenkopf eingesetzt. Als jedoch zwei Tage später heftige Stürme mit starkem Schneefall aufkamen, mußten auch die Letztgenannten ihre Arbeit bis auf weiteres einstellen. Sie warteten daraufhin in den Gemeinden Dottingen, Steingebronn und Gomadingen im wahrsten Sinne des Wortes auf besseres Wetter. Selbst die Postbeförderung konnte erst wieder stattfinden, als der große Bahnschlitten mit zehn bis zwölf Pferden zum Einsatz kam.
Von einem weiteren Unfall war am 27. Februar 1893 zu berichten. Bei der Sprengung eines Felsens ging eine Sprengladung zu früh hoch und verletzte einen Arbeiter derart, daß er um sein Augenlicht bangen mußte.
Erst Ende März hatte sich die Witterung soweit beruhigt, daß die Bauarbeiten im Abschnitt von Honau bis Kohlstetten beschleunigt vorangetrieben werden konnten. Ab diesem Zeitpunkt waren fast täglich Arbeitszüge auf der Echazbahn unterwegs.

Der Bau des zuletzt verakkordierten Abschnittes im III. Los begann am 19. April 1893. Die Arbeiten schritten bis zum Frühsommer zügig voran, so daß Mitte Juli die Schlosser zur Montage der Brücken anreisen konnten.
Das Verlegen der Gleise konnte am 4. Juli ausgeschrieben werden. Wie auch auf der Talstrecke kamen im weiteren Verlauf der Bahnlinie östlich von Lichtenstein neun Meter lange Stahlschienen auf imprägnierten Schwellen aus Forchenholz zum Einbau. Die Bettung bestand aus Kalkstein-Geschläg, das beim Bau der Einschnitte gewonnen worden war.
Beim Bau der Stationsgebäude kamen Tuffsteine aus dem Ermstal zum Einbau. Die Hochbauten entstanden wieder in Fachwerkbauweise mit Schindel- und Bretterschirm. Zur Dachbedeckung verwendete man Falzziegel.
Die Bahneröffnung stellte man nun für den 1. Oktober 1893 in Aussicht. Allein der Zahnstangenabschnitt bereitete noch Anlaß zur Sorge. Wiederholt wurde in diesem Bereich der Bahnkörper durch größere Erdmassen verschüttet, so daß die Hoffnungen zur Inbetriebnahme im Herbst bald in Frage gestellt waren. Um die Fertigstellung voran zu treiben, wurde im September von früh morgens bis 10 Uhr abends gearbeitet. Die Hochbauten hatte man inzwischen fertiggestellt, lediglich in deren Umgebung und an den Wasserleitungen gab es noch einiges zu tun.
Nachdem die in den letzten Septembertagen durchgeführten Probefahrten zur vollen Zufriedenheit verlaufen sind, wurde die festliche Eröffnungsfahrt auf den 30. September 1893 festgesetzt.

Die fabrikneue Zahnrad-Lokomotive „Fz 594 MUENSINGEN" (spätere 97 304) von der Lokführerseite her gesehen.

Werkaufnahme: Maschinenfabrik Eßlingen

Abschließend bleibt festzuhalten, daß unter Oberleitung von Baurat Fuchs der Bahn- und Hochbau auf der Teilstrecke Honau – Lichtenstein von Baurat Zimmer als Vorstand des Betriebsbauamts Reutlingen, auf dem Abschnitt Lichtenstein – Münsingen durch Bauinspektor Laistner als Vorstand der Eisenbahnbausektion Münsingen ausgeführt wurde. An der Bauleitung waren folgende Herren beteiligt: Für den Bahnbau Abteilungs-Ingenieur Mützel, die Regierungsbauführer Hochmüller, Mesner und Vetter sowie die Ingenieure Ruff und Gürrbach. Ferner für alle Hochbauten die Werkmeister Fuoß, Gaßmann und Stapf.

ERÖFFNUNG
Honau – Münsingen

Mit dem fahrplanmäßigen Zug trafen am 30. September 1893 Ministerpräsident Freiherr Dr. von Mittnacht, Staatsminister der Finanzen Dr. von Riecke, Präsident von Balz, Direktor von Schleicher, Ministerialrat von Mayer und weitere Mitglieder der Generaldirektion der Verkehrsanstalten in Reutlingen ein. Hier schlossen sich dem acht Minuten später nach Honau abfahrenden Zug die Herren Regierungspräsident von Luz, Oberamtmann Regierungsrat Kauffmann, die Mitglieder der Amtskorporation des Bezirks Reutlingen, Oberbürgermeister Benz mit Abordnungen der Reutlinger bürgerlichen Kollegien und weitere geladene Festteilnehmer an. Unter den Klängen der Stadtkapelle verließ der Zug den Reutlinger Bahnhof.

Auf der entsprechend dekorierten Station Honau begrüßten zunächst die Mitglieder der Amtskorporation und des Eisenbahn-Komitees Münsingen die Minister und Festteilnehmer. Die Gastgeber hatten den Weg nach Honau noch mittels Pferdekutsche zurücklegen müssen! Die einleitenden Worte zur Begrüßung sprach der jüngst nach Geislingen versetzte Oberamtmann Widmann. Er dankte den Vertretern der Regierung für ihr Erscheinen und natürlich besonders für deren Bemühungen um das Zustandekommen der neuen Bahn auf die Alb. Der Ministerpräsident entgegenete hierauf, daß sich die Hoffnungen erfüllen mögen, die man an die neue Bahnlinie richte. Auch wenn der Bau der Eisenbahn auf die rauhe Alb etwas länger gedauert habe, so seien eben die mannigfachen Schwierigkeiten daran Schuld gewesen. Man könne versichert sein, daß die Regierung allen Erwerbszweigen, Handel und Industrie das gleiche Interesse entgegen bringe.

Während von der Höhe Böllerschüsse abgefeuert wurden, begaben sich die Herren unter Begleitung der Kapelle in das Restaurant „Lichtenstein".

Während dem Frühstück hieß Fabrikant Krauß von Pfullingen alle Festteilnehmer im Namen der Stadt Reutlingen herzlich willkommen. Er verlieh ferner der Hoffnung Ausdruck, daß die Bahn bald zum Donautal hin weitergeführt werde. Anschließend ergriff Finanzminister von Riecke das Wort und berichtete, daß der Kampf um die Bahn kein kleiner gewesen sei, nun aber doch der neue Weg zur Befriedigung aller zustande gekommen wäre. Wegen des Anschlusses an die Donautalbahn bemerkte er, auch wenn deren Verwirklichung nicht unmittelbar bevor stünde, so dieselbe doch sicher in Aussicht zu nehmen ist. Die Festteilnehmer dankten ihm hierauf mit lebhaftem Beifall.

Nach kaum einstündiger Rast begab man sich wieder zum Bahnhof Honau. Noch bevor die Gäste den bereitstehenden Sonderzug besteigen konnten, traten aus der Bahnhofshalle die Bergfee (Fräulein Marie Henle) und der Berggeist (Reinhold Baas) entgegen und trugen einen von Professor Beißwanger aus Reutlingen verfaßten Text vor. Es ging darum, daß sich der Berggeist durch das Pochen der Arbeiter beim Bahnbau, durch die Sprengungen und nun durch das Pusten der Maschinen in seinem erhabenen unterirdischen Besitz bedroht sieht und deshalb schweres Gestein zu Tal rollt, um die Eindringlinge zu vertreiben. Während seiner Ausführungen wurde er durch die Bergfee beschwichtigt. Zum Abschluß überreichte die Bergfee an die Festgäste bunte Blumensträuße.

Entwurf

Fahrordnung des *Eröffnungs*-Zugs von *Honau* nach *Münsingen*

am *30. Septb. 1873.*

Die anschließende Fahrt über die Zahnradstrecke sei mit den Worten des Chronisten beschrieben:

„Nun wurde der aus der bekränzten neuen Lokomotive „ACHALM" und drei neuen bestens ausgestatteten Wagen bestehende Sonderzug bestiegen, dessen Leitung heute Oberbaurat Klose und Betriebsoberinspektor Knapp unterstand. Noch innerhalb des Bahnhofs Honau greift mit kaum vernehmbarem Druck und ganz geringem Geräusch das Zahnrad der Maschine in das Zahngestänge des Unterbaus ein und alle

Teilnehmer der Fahrt, insbesondere solche, die schon andere Zahnradstrecken befahren haben, waren aufs Angenehmste überrascht von der Ruhe und Sicherheit, mit der die Maschine arbeitet und die bedeutende Steigung überwindet. Bald kann man sich an den steilen Abhängen, Einschnitten, Schluchten und Dämmen, an den Strebemauern wie der technischen Befestigung der steil abschüssigen Juraformationen überzeugen, wie glänzend die Oberleitung des Bahnbaus, insbesondere der ausführende Bauleiter, Baurat Zimmer, Reutlingen, seine Aufgabe löste. Tief unten dehnt sich das herrliche, fruchtbare Echaztal aus mit den freundlichen gewerbsamen Talorten, und über ihnen erhebt sich recht drüben der herrliche Wald bis zu den vorliegenden Höhen des Albplateaus. Während der untere Teil der Waldungen, mehr aus Laubhölzer bestehend, schon vielfarbigen herbstlichen Schmuck angelegt hat, hebt sich das tiefe Dunkel des Nadelwaldes auf den Höhen um so wirkungsvoller ab. Das ganze liebliche Landschaftsbild krönt das stolze Schlößchen Lichtenstein: fürwahr ein Gesamtbild von einziger Wirkung. Nach kaum 1/4-stündiger Bergfahrt ist man auf dem Hochplateau an dem Haltepunkt Lichtenstein angelangt. Hier verlassen die Minister mit ihrer nächsten Umgebung den Zug, um sich auf der vorbeiführenden Staatsstraße bis zu einem nahen Aussichtspunkt zu begeben, um den prachtvollen Ausblick in das Echaztal zu genießen. Der Zug wird wieder bestiegen, derselbe verläßt bei der Haltestelle die Zahnradstrecke; in raschem Tempo auf ebener Bahn ist die Haltestelle Kleinengstingen erreicht."

Hier waren die Feuerwehr und die bürgerlichen Kollegien von Groß- und Kleinengstingen zum Empfang angetreten. Nach kurzen Ansprachen der Schultheißen Wälder und Stooß fuhr der Zug weiter bis zur nächsten Haltestelle Kohlstetten, wo der Bürgermeister und der Ministerpräsident zu den Anwesenden sprachen.

Auch in Offenhausen legte der Sonderzug einen Halt ein, um den Teilnehmern unter der Führung des Landoberstallmeisters von Hofacker eine Besichtigung des Gestüts zu ermöglichen.

Die Begrüßung in Gomadingen erfolgte durch Böllerschüsse. Schultheiß Münzing scherzte, die Bahn könne nun die bedeutenden Schulden der Gemeinde mit fortnehmen. Hierauf entgegnete der Ministerpräsident, daß es wohl schön wäre, wenn diese Bahn die gesamte Eisenbahnschuld des Staates hinweg schaffen könnte.

Einen weiteren Aufenthalt gab es in Marbach, ebenfalls wieder mit Reden des Bürgermeisters von Dapfen und dem Ministerpräsidenten.

In Münsingen wartete bereits eine große Menschenmenge, die beim Eintreffen des Sonderzuges in laute Hochrufe ausbrach. Entlang des mit Fahnen, Girlanden und Tannengrün geschmückten Stationsgebäudes hatten sich alle Münsinger Vereine und die Volksschüler aufgestellt. Nachdem die Stadtkapelle einen Marsch zum Besten gegeben hatte, hielt Stadtschultheiß Oßwald inmitten der bürgerlichen Kollegien seine Begrüßungsansprache. Er verwies darauf, daß Münsingen nicht die kleinste Stadt war, welche einen Bahnanschluß bisher entbehren mußte und gab der Hoffnung Ausdruck, daß der Ort durch das neue Verkehrsmittel einen lebhaften Aufschwung nehme. Ministerpräsident von Mittnacht erwiderte mit dem Wunsch, daß die nun eröffnete Bahnlinie der Stadt Münsingen und der ganzen Gegend zum Segen werde. Anschließend entbot der Liederkranz die Ständchen „Schwobeland" und „Hei grüß die Gott Landl". Daraufhin wurde der Dirigent, Lehrer Banzhaaf, dem Ministerpräsidenten vorgestellt.

Unter den Klängen der Reutlinger und Münsinger Kapellen machte sich die Festgesellschaft auf den Weg in die Stadt. Anstelle des abgebrochenen Stadttores hatte Glasmaler Werner ein altertümliches Tor nachempfunden. Dort stand der Spruch:
> *„Willkommen hier auf unsern Höhn,*
> *Auch auf der rauhen Alb ist's schön.*
> *Und wer dies nicht begreifen kann,*
> *Komm zu uns mit der Zahnradbahn."*

In der Stadt verteilten sich die Teilnehmer auf verschiedene Lokale. Im Saal des „Ochsen" wurde für annähernd 250 Gäste das offizielle Festessen gegeben. Auf dem Marktplatz und im Hof vor dem Gasthof spielten währenddessen abwechselnd die beiden Kapellen. Bei der Festtafel gab zunächst Stadtschultheiß Oßwald seine Dankesrede; ihm folgte Ministerpräsident von Mittnacht. Er führte unter anderem aus:

„Bei der Eröffnung der Bahnstrecke Waldenburg – Künzelsau im Herbst vorigen Jahres habe er seiner besonderen Befriedigung darüber Ausdruck gegeben, daß auch das letzte Oberamt, Münsingen, nicht länger von den Vorteilen einer Bahnverbindung ausgeschlossen bleibe. Innerhalb der kurzen Frist von nicht ganz zwei Jahren sei es gelungen, das Albplateau zu erklimmen und vorerst einmal Münsingen als Endpunkt zu erreichen. Aber wir wollen hier nicht stehen bleiben, nicht etwa, weil es uns hier nicht gefiele, sondern weil wir uns ein weiteres Ziel gesteckt haben. Mit der heutigen Bahn hat das Netz der württembergischen Staatsbahnen die Ausdehnung von 1.700 Kilometer erreicht und die Zahl um vier Kilometer überschritten. Die Bahn hat nicht unerhebliche technische Schwierigkeiten geboten und viel technisch Neues gebracht. Er wolle die Bauleitung nicht loben, denn es ist ein altes Sprichwort, das Werk muß den Meister loben. Der Eisenbahnbau hat nicht Schaustücke zu liefern, sondern er hat langestreckt Teile des ganzen Landes zu überbrücken, er hat ein ganzes Land mit einem Netz von Wegen zu überziehen. Diese Aufgaben in technischer, kultureller, finanzieller und volkswirtschaftlicher Weise durchzuführen ist deshalb von so großer Bedeutung, daß sie sich über alle Aufgaben des Landes erhebt. Wenn dann die Aufgabe gelöst ist, dann gehe das Werk in die Hände der Betriebsverwaltung über, die sich leider nicht immer wohlwollender Beurteilung erfreue. Eigentlich gebe es bei einer neuen Bahn nur einen Tag der Freude, das sei der heutige Tag der Eröffnung, dann kommt die Kritik; wir sind empfänglich für dieselbe, können aber auch verlangen, daß man uns mit Wohlwollen begegne. Wenn man heute eine Reihe von Zeitungskritiken betrachte, wie sie in den letzten Tagen über die Stimmung in Münsingen besonders in Geschäftskreisen durch verschiedene Blätter gingen, so sei man versucht, anzunehmen, daß man hier nicht sonderlich befriedigt sei vom Bahnbau. Damit stimmen allerdings der feierliche Empfang und die freudigen Gesichter der Bevölkerung nicht überein. Aber auch die Regierung habe teilweise Anlaß, mit nicht zu rosigen Hoffnungen das finanzielle Ergebnis der Bahn zu betrachten. Wir sind aber dennoch frisch ans Werk gegangen, um einem schwachen Teil des Landes unter die Arme zu greifen und so rufe er auch der Stadt Münsingen zu: nur rüstig an Werk, dann werden sich die erhofften Vorteile schon einstellen, man möge sich die Rührigkeit der Reutlinger zum Beispiel nehmen; und dann bleiben wir ja hier in Münsingen nicht stehen, wir müssen die Fortsetzung im Anschluß an die Donautalbahn zu finden suchen. (lebhafter Beifall) *Wir sind heute an der Achalm, dem Lichtenstein und Grafeneck, der Stätten hoher historischer*

Bedeutung in unserer württembergischen Geschichte in der Vergangenheit vorüber gekommen, wir dürfen auch mit Hoffnung, Vertrauen und Zuversicht der Zukunft entgegen sehen, denn kein Landesteil soll zurück stehen, die Fürsorge der Regierung der württembergischen Könige war stets auf das Wohl des ganzen Landes gerichtet. Im Frühjahr vorigen Jahres habe er sein Hoch der Stadt Reutlingen gewidmet, heute gelte es Münsingen, wer die nächste Stadt sei, wisse er noch nicht und wenn er es wisse, würde er es vielleicht noch nicht sagen. Dem Wohl von Stadt und Amt Münsingen weihe er sein Hoch."
Nächster Redner war Landtagsabgeordneter Rath aus Münsingen, der seine Worte insbesondere an Finanzminister Dr. von Riecke richtete. Er danke für den neuen Bahnanschluß und bemerkte, daß eine rasche Weiterführung der Linie nicht nur für Münsingen, sondern auch für die Bahnverwaltung selbst eine Notwendigkeit sei. Der Angesprochene gab daraufhin einige Worte über die Problematik der Bereitstellung finanzieller Mittel ab, erklärte aber auch die vielfältigen Aufgaben seiner Behörde. Zur Eisenbahn führte er aus:
„Eine dritte große Aufgabe ist die Gewinnung eines richtigen, gesünderen Verhältnisses zwischen den Erträgen der Eisenbahn und den Zinsen der Staatsschuld. Im Verein mit dem Herrn Staatsminister der auswärtigen Angelegenheiten bin ich seit längerer Zeit bemüht, hier eine Lösung zu finden, und vielleicht kann nun hierfür gerade unsere heute eröffnete Bahnstrecke einen willkommenen Vorgang finden. Finanziell ist diese Strecke auf die Berechnung gegründet, daß nur der Kapitalbetrag, dessen Verzinsung sicher gestellt erscheint, durch die voraussichtlich zu erzielenden Erträge, auf die Staatsschuld übernommen werden sollten, während alle weiter erforderlichen Mittel anderweitig aufgebracht wurden. Gelänge es, die Eisenbahnschuld im Ganzen nicht in zu ferner Zeit auf den entsprechenden Betrag zu vermindern, so könnte man in Zukunft überhaupt eine freiere Eisenbahnpolitik treiben. Auch beim Weiterbau. Der Finanzminister ist durch sein Amt berufen, vor der Inangriffnahme neuer Bauten Erwägungen darüber anzustellen, womit dieselben bestritten werden können, wie sich die Kosten rentieren werden. Das kann den Anschein wekken, als wäre er überhaupt ein Gegner. Dem ist nicht so. Ist eine neue Eisenbahn fertig, so freut sich auch der Finanzminister darüber, wenigstens am Eröffnungstage der Bahn. Und ich bin doch zugleich zu sehr Nationalökonom, um mich der Einsicht zu verschließen, welchen Nutzen die Bahnen schaffen, und in dem hier vorliegenden Fall, daß, sobald es die Verhältnisse gestatten, weiter gebaut werden muß zum Anschluß an die Donau. Ich weiß, daß ich damit einen Wechsel auf die Zukunft ausstelle, aber die Präsentationsfrist ist noch eine offene. Das Eisenbahnkomitee, das für das Gelingen der heute eröffneten Bahn sich mit Erfolg bemüht hat, wird wohl auch ferner noch in Aktion bleiben. Ihm gelten meine Wünsche für das schließliche Gelingen seiner Bemühungen, ihm gilt mein Hoch!"
Es folgte noch eine Reihe weiterer Redner, ehe man wieder zum Bahnhof zurückkehrte. Die auf vier Uhr am Nachmittag festgesetzte Zeit zur Abfahrt war längst überschritten.
Während der Rückreise nahm das Lokpersonal zwischen Lichtenstein und Honau auf Anordnung des Ministerpräsidenten mehrere Bremsversuche vor. Etwas verspätet traf der Sonderzug kurz nach sechs Uhr wieder in Reutlingen ein. Bis zur Weiterfahrt nach Stuttgart verweilten die Gäste in der Gartenhalle vom Hotel „Kronprinzen".

Mit der neuen Bahnverbindung reisten unzählige Touristen zur Burg Lichtenstein.

Alle Dampflokomotiven durften die Steilstrecke nur mit dem Schornstein gegen den Berg befahren. Daß es dennoch eine Ausnahme gab, war wohl auf den Wunsch des Fotografen zurückzuführen.   *Sammlung: Georg Guthmann, Daimler Benz AG (ME)*

LÄNDERBAHNZEIT
Reutlingen – Münsingen

Mit der Betriebsaufnahme zwischen Honau und Münsingen am 1. Oktober 1893 war auch der letzte von 64 Oberamtsbezirken des Landes, Stadt und Amt Münsingen, an das Staatsbahnnetz angeschlossen.

Post- und Eisenbahn-Fahrplan.
Giltig vom 1. Oktober 1893 bis 1. Mai 1894.

Reutlingen—Honau—Münsingen.

morgs.	vormitt.	nachmitt.	abds.	nachts.			morgs.	vormitt.	nachmitt.	abds.	nachts.
8.00	9.30	1.50	7.10	9.55	ab	Reutlingen	an	7.33	9.00	12.45	6.10	9.21
8.06	9.36	1.46	7.16	10.01		Eningen unt. Achalm		7.27	8.53	12.39	6.04	9.15
8.12	9.42	2.02	7.22	10.07		Pfullingen		7.23	8.48	12.35	6.00	9.11
8.15	9.45	2.05	7.25	10.10		Pfullingen (Papierfabriken)		7.19	8.43	12.30	5.55	9.07
8.20	9.50	2.10	7.30	10.15		Unterhausen (Spinnerei)		7.14	8.38	12.25	5.50	9.02
8.24	9.54	2.14	7.34	10.19		Unterhausen		7.10	8.34	12.21	5.46	8.58
8.34	9.57	2.24	7.45	10.22		Honau		7.07	8.30	12.18	5.43	8.55
8.49	—	2.39	8.00	—		Lichtenstein		6.45	—	11.58	5.20	—
8.58	—	2.44	8.05	—		Kleinengstingen		6.40	—	11.53	5.15	—
9.10	—	2.52	8.13	—		Kohlstetten		6.32	—	11.41	5.07	—
9.17	—	2.59	8.20	—		Offenhausen		6.25	—	11.31	5.00	—
9.26	—	3.04	8.25	—		Gomadingen		6.20	—	11.26	4.55	—
9.38	—	3.12	8.33	—		Marbach an der Lauter		6.13	—	11.15	4.48	—
9.50	—	3.25	8.45	—	an	Münsingen	ab	6.00	—	10.55	4.35	—

Die neueröffnete Bahn mit der Steilrampe auf die Albhochfläche spezieller Lokomotiven und deren Beheimatung am Ausgangspunkt der Züge notwendig. Hier in Reutlingen wurden die württembergischen Zahnradloks nach jeder Fahrt mit Vorräten versorgt sowie Wartungsarbeiten und kleinere Reparaturen ausgeführt. Die vier Maschinen der Bauartbezeichnung 1'Cn2 (4)v waren als Klasse „Fz" bezeichnet. Kessel und Triebwerk glichen den in größerer Anzahl vorhandenen Güterzugloks der Klasse „F", das „z" wies auf das Zahnradgetriebe hin. Die 1893 von der Maschinenfabrik Esslingen beschafften Maschinen erhielten die Inventarnummern 591 - 594 sowie die Namen „ACHALM", „LICHTENSTEIN", „GRAFENECK" und „MUENSINGEN".
Diese Loks verfügten zum Einsatz auf Adhäsionsstrecken über zwei außen liegende Zylinder, wobei der Antrieb auf die mittlere der drei gekuppelten Radsätze erfolgte. Für den Zahnstangenabschnitt waren zusätzlich zwei Innenzylinder mit den selben Durchmesser vorhanden, die ihre Bewegung auf beide an den vorderen Kuppelachsen montierte Zahnräder übertrugen. Bei den Fahrten zwischen Reutlingen und Honau, bzw. Lichtenstein und Münsingen wurde nur den beiden äußeren Zylindern Dampf zugeführt. Bei Einsätzen auf der Zahnradstrecke konnten dagegen die Zylinder durch einen Wechselschieber miteinander verbunden werden, womit allen vier Frischdampf zugeführt wurde. Es bestand aber auch die Möglichkeit, die beiden außen liegenden Zylinder als Hochdruck- und die Innenzylinder vom Zahnrad-Triebwerk als Niederdruckzylinder (Abdampf vom Adhäsions-Triebwerk) arbeiten zu lassen.

1'C n4 - Zahnrad-Dampflokomotive
wü. „Fz" (Baureihe 97.3)

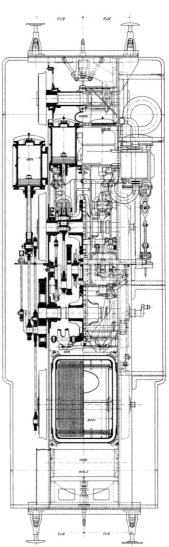

Die im Jahr 1900 unter der Fabriknummer 3160 in Eßlingen erbaute „Fz 596" im Anlieferungszustand. Diese Maschine wurde zwar für die Zahnradbahn Freudenstadt – Klosterreichenbach beschafft, dürfte aber aushilfsweise auch auf der Honauer Steige gefahren sein. Sie war 1900 auf der Pariser Weltausstellung vertreten, erhielt später die Reichsbahn-Nummer 97 306 und schied als eine der drei letzten Exemplare ihrer Familie 1936 aus dem Einsatzbestand.   Sammlung: Dietrich A. Braitmaier

Der 2.110,3 Meter lange Zahnstangenabschnitt begann unmittelbar hinter der letzten Weiche im Streckengleis des Bahnhofs Honau (525,4 m über NN) und endete erst wenige Meter vor dem Bahnhof Lichtenstein (704,3 m über NN). Bei der Zahnstange handelte es sich um eine Riggenbach-Leiterzahnstange der Bauart Bissinger-Klose. Befestigt war sie in Gleismitte auf den Querschwellen.

Im Zuge der Verbindung (Rastatt –) Klosterreichenbach – Freudenstadt entstanden zwischen Baiersbronn und Freudenstadt zwei weitere Zahnstangenabschnitte mit rund vier Kilometern und 1,7 km Länge. Die größte Neigung betrug 50 ‰ (1 : 20). Dafür wurden von 1899 bis 1904 insgesamt fünf weitere Zahnradloks der Klasse „Fz" in Dienst gestellt. Diese erhielten die Betriebsnummern 595 bis 599; besondere Namen wurden nicht mehr vergeben. Weil die 600er-Nummern für eine größere Anzahl von Güterzug-Lokomotiven vergeben waren, erhielten die vier 1893 erbauten Maschinen ebenfalls in der 500er-Reihe neue Betriebsnummern. Äußerlich unterschieden sich die beiden Bauserien durch die Kesselaufbauten. Alle fünf Loks der zweiten Lieferung besaßen zwei Dampfdome mit einem Verbindungsrohr, womit sie den württembergischen Klassen „AD" und „ADh" glichen.

In Reutlingen waren nur die vier Lokomotiven von 1893 beheimatet, die anderen fünf Exemplare in Freudenstadt. Beim Ausfall mehrerer „Fz" kam es fallweise auch vor, daß sich beide Dienststellen kurzzeitig mit einer Maschine aushalfen.

Für den Betrieb auf der Honauer Steige wurden neben den speziellen Lokomotiven auch besondere Wagen beschafft: Hierbei handelte es sich um dreiachsige Fahrzeuge mit Bremszahnrad auf der Mittelachse. Nach Aussagen älterer Eisenbahner waren elf Personenwagen und ein Packwagen im Bestand. Zusammen mit regulären

Wagen kamen diese Fahrzeuge zwischen Reutlingen und Schelklingen zum Einsatz. Der Packwagen mit der Zahnradbremse befand sich grundsätzlich an der Talseite des Zuges. Während der Fahrt über den Zahnstangenabschnitt mußte die Bremse immer durch einen Schaffner besetzt sein, die er entsprechend den Pfeifsignalen des Lokführers zu betätigen hatte. Daneben besaß jeder Wagen eine Handbremse. Alle Fahrzeuge mußten stets so zusammengestellt werden, daß von einer Plattform aus zwei Wagen bedient werden konnten.

Im Sonderdienst, etwa den Ski-Zügen, kamen verschiedentlich Garnituren hierher, die nur über Knorr-Bremsen verfügten. Diese durften nicht von der Lok, sondern nur manuell gebremst werden. Solche Züge bestanden aus bis zu neun Wagen.

Der Betriebsablauf sah folgendermaßen aus: Während der Fahrt durch das Echaztal befanden sich die Lokomotiven – auch die Zahnradloks – an der Spitze des Zuges. In Honau mußte der Lokführer mit der Garnitur soweit vorfahren, bis das Trittbrett vom Führerhaus in Höhe einer weißen Markierung am Bahnsteig zum Stehen kam. Beim Halten öffnete der Heizer die Abdeckung des Wasserkastens auf der linken Lokseite. Während dem Wasserfassen nutzte er den Aufenthalt zur Überprüfung der Lager. Dieser Vorgang dauerte normalerweise weniger als fünf Minuten. Daraufhin fuhr die Dampflok zum Umsetzen vor, wobei der Weichenwärter auf dem Trittbrett der Maschine mitfuhr. Nach dem Umlegen der Weiche rollte die Lokomotive in Richtung Unterhausen zurück. Für die anschließende Bergfahrt mußte die Weiche gleich wieder in Grundstellung gelegt werden. Nachdem der Lokführer die westliche Weiche passiert hatte, betätigte er die Pfeife als Zeichen dafür, daß die fernbediente Weiche umgelegt werden könne. Die Maschine fuhr wieder an den Zug heran, worauf der Weichenwärter diese wieder mit den Wagen kuppelte. Zuletzt mußte noch die Bremsprobe durchgeführt werden. Sobald die planmäßige Abfahrtszeit erreicht war, erteilte der Honauer Fahrdienstleiter den Abfahrauftrag.

Mit höchstens 6 km/h durfte die Einfahrt in die Zahnstange erfolgen. Das Einfahrstück der Zahnlamelle mit rollenförmigen Sprossen ruhte auf mehreren Federn, damit dieses nachgeben konnte, wenn das Treibzahnrad der Lokomotive direkt auf einen Zahn der Zahnstange traf. Dabei wickelte sich das Zahnrad mit dem der Zahnkrone entsprechenden Kreis ab, welcher größer als der Teilkreis ist. Die Differenz beider Abwicklungen führte automatisch zum Eingriff.

Während der Bergfahrt hielt sich der Schaffner auf der Plattform des ersten Wagens auf. Beim Honauer Aufenthalt hatte er das Handläutewerk von einem Gestell abgenommen und am Geländer der Plattform des führenden Wagens angebracht, um im Verlauf der Bergstrecke an den Wegübergängen (km 11+205, km 11+278, km 11+566 und km 12+065) zu läuten. Nach der Rückkunft in Honau legte der Schaffner es wieder für den nächsten Zug bereit.

Da der Lokführer das Lichtensteiner Einfahrsignal schlecht einsehen konnte, hielt er hier grundsätzlich an, wenn das Vorsignal Warnstellung anzeigte. Unmittelbar nach der Ankunft am Bahnsteig mußte der örtliche Weichenwärter, später der Heizer, die Lokomotive abkuppeln. Danach fuhr er bis auf Höhe des Anbaus am Empfangsgebäude zurück, um von hier aus die Weichen zu bedienen. Nach dem Umsetzen und der Bremsprobe konnte die Weiterfahrt beginnen. Selbst wenn nur bis in das zwei Kilometer entfernte Kleinengstingen gefahren wurde, mußte die Lok stets an das vordere Zugende überwechseln.

BAHNBAU
Münsingen – Schelklingen

Die letzte Teilstrecke sollte entsprechend dem Gesetz vom 19. Mai 1896 als vollspurige Nebenbahn zur Ausführung kommen. Mit den Aufnahmen und dem Erstellen der Bauzeichnungen wurde im Frühjahr 1898 begonnen. Nach Erledigung des Grunderwerbs konnten ein Jahr später die Bauarbeiter anrücken. Zur ordnungsgemäßen Ausführung aller anstehenden Arbeiten zeichnete sich die Bahnbausektion Münsingen unter der Leitung von Oberbaurat Schmoller verantwortlich. Diese unterstand wiederum Abteilungs-Ingenieur Schlierholz, dem die unmittelbare Bauleitung, die Ausführung der Hochbauten und einige technische Hilfsbeamte zugeteilt war.

Im Zuge des Bahnbaus mußten sowohl die bisherige Endstation Münsingen, als auch der künftige Abzweigbahnhof Schelklingen wesentlich erweitert werden. In den Jahren seit der Betriebseröffnung entstand nahe Münsingen der Truppenübungsplatz und 1898 ein Portland-Zementwerk. In Schelklingen wurden die Bahnanlagen sowohl verbreitet, als auch gegen Ehingen verlängert. Zur Sicherung des Betriebes erhielt der Bahnhof eine komplette Stellwerksanlage. Außerdem errichtete man hier einen Lokomotivschuppen, der zugleich als Wasserstationsgebäude diente, eine Drehscheibe und weitere maschinentechnische Einrichtungen. Zuletzt erhielt die Zementfabrik einen eigenen Gleisanschluß.

Entlang der künftigen Bahnlinie wiesen die über verschiedene Wasserläufe zu erstellenden Brücken aus Betonmauerwerk zum Teil größere Ausmaße auf. Umfangreiche Baumaßnahmen erforderten vor allem die Felseinschnitte. Der dabei angefallene Aushub konnte zur Gleisbettung wieder verwendet werden. Für den Oberbau verwendete man imprägnierte Querschwellen aus Forchenholz und neun Meter lange D.1-Profilschienen.

Die Stationen Mehrstetten und Hütten wurden mit Kreuzungsgleisen, Einfahrsignalen und Weichensicherungen ausgerüstet.

In geognostischer Hinsicht verläuft die Bahn durchweg im oberen weißen Jura. Die Einschnitte hinter dem Bahnhof Münsingen lassen Plattenkalke mit Unterlagerung von Zementmergeln erkennen. Bis nach Mehrstetten führen die folgenden Einschnitte durch Kieseldelta von geringer Lagerung und durch typischen Dolomit. Im Schaudental wird hauptsächlich weißer Jura und Dolomit, von Hütten abwärts deren höhere Horizonte angeschnitten.

Der Neubauabschnitt wies vom Münsinger Verwaltungsgebäude bis zum Ende des Nebenbahngleises in Schelklingen eine Länge von 23,93 km auf, wovon 14,2 km auf gerade Gleise entfielen. Der Höhenunterschied zwischen Ausgangs- und Endpunkt der Bahn beträgt 170 Meter. Die größte Neigung in Richtung Schelklingen beträgt 1 : 50, in der Gegenrichtung 1 : 70.

Mit Vollendung des letzten Teilabschnitts wies die Nebenbahn von Reutlingen nach Schelklingen eine Gesamtlänge von 58,25 km auf, wovon lediglich 5.033 m auf ebenem Terrain lagen. Das durchgehende Hauptgleis bestand auf 32.600 m Länge aus geraden Schienenstücken, 25.650 m waren gekrümmt. Der kleinste Bogenhalbmesser betrug 180 Meter.

Nach mehr als zweijähriger Bauzeit konnte am 29. Juli 1901 unter Beteiligung hoher Beamter der Generaldirektion, Betriebsinspektoren aus Tübingen und Reutlingen

sowie aller Beamter der Münsinger Bahnbausektion eine Probefahrt von Schelklingen bis zur Station Lichtenstein unternommen werden. Eine offizielle Feier wurde entgegen der bisherigen Gepflogenheiten nicht anberaumt. Dennoch oder gerade deswegen erließ der Münsinger Gewerbeverein für den 1. August anläßlich der Bahneröffnung eine Einladung zu einer gemeinsamen Fahrt nach Schelklingen. Auch der Schwäbische Albverein beteiligte sich daran und inserierte am 30. Juli:
„Bei der Eröffnung der Strecke Münsingen – Schelklingen am 1. August werden sich Albvereinsmitglieder der anliegenden Gaue und Ortsgruppen ein Stelldichein geben. Ein Teil fährt mit dem ersten Zug von Reutlingen bis Schelklingen, besucht Blaubeuren zwischen 9 und 11 Uhr, Schelklingen und Umgebung bis 3 Uhr 28, um abends sich in Münsingen mit den dortigen Mitgliedern gesellig zu vereinen. Bei der Kürze der Zeit konnten Einzeleinladungen nicht mehr erfolgen."
Unter dem selben Datum wurde veröffentlicht:
„Mit Genehmigung Sr. Majestät des Königs wird die normalspurige, nach der Bahnordnung für Nebeneisenbahnen zu betreibende Bahnstrecke Münsingen – Schelklingen mit einer Länge von 23,72 km und mit den Bahnstationen IV. Klasse Mehrstetten (Haltestelle), V. Klasse Sondernach (Haltepunkt), IV. Klasse Hütten (Haltestelle), V. Klasse Talsteußlingen (Haltepunkt) am 1. August für den allgemeinen Verkehr eröffnet werden. Die Haltepunkte Sondernach und Talsteußlingen sind nur für den Personenverkehr eingerichtet. Der Fahrplan der neuen Strecke ist in dem Sommerfahrplan der württembergischen Staatseisenbahn enthalten."

◇ ◆ ◇

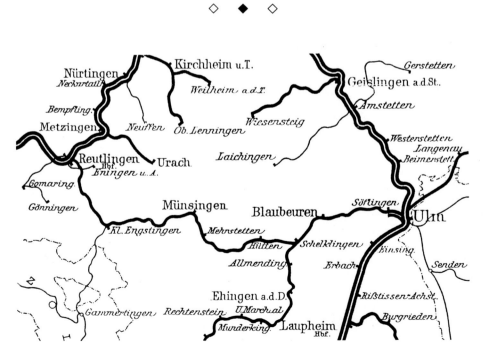

LÄNDERBAHNZEIT
Reutlingen – Schelklingen

Am ersten Betriebstag nahmen in erster Linie die Mitglieder aus dem Lichtensteingau des Schwäbischen Albvereins teil. Mit Vergnügen präsentierten sie ihre Fahrkarte mit der Nummer 1. In Marbach wurde der erste von Ulm kommende Zug gekreuzt, welcher allerdings nur schwach besetzt war. Die Maschine trug als einzigen Schmuck nur etwas Tannenreis; sonst verriet kein äußeres Merkmal die Besonderheit des Tages. Erst von Münsingen an, wo der Gewerbeverein mit der Musikkapelle einstieg, und in Mehrstetten, wo ländliche Vereine, viele Albvereinsmitglieder und Einzelpersonen einstiegen, bekam die Fahrt eine entsprechende Stimmung. Auch in Sondernach, Hütten und Talsteußlingen stiegen zahlreiche Bewohner ein. Mancherorts krachten beim Passieren des Zuges sogar Böllerschüsse durch den Talgrund. Mit beträchtlicher Verspätung gelangte der erste fahrplanmäßige Zug nach Schelklingen, wo zahlreiche Bewohner des Ortes zur Begrüßung erschienen waren.
Die Albvereins-Mitglieder fuhren bis nach Blaubeuren weiter und mit dem ersten nach Schelklingen durchgehenden Lokalzug gleich wieder zurück. Bei der Ankunft wurden die Gäste durch den Stadtschultheißen und die Ortsgruppe begrüßt. Die neue Bedeutung von Schelklingen als Bahnknotenpunkt verdeutlichte währenddessen das gleichzeitige Zusammentreffen von drei Zügen.
Später traf sich in Münsingen noch eine Gesellschaft im Saal von Decker. Dabei wurde in verschiedenen Reden der Bedeutung dieser Bahn gedacht. Sprecher waren die Herren Banzhaf von Münsingen, Krauß und Laiblin aus Pfullingen, Nägele aus Tübingen und Wied aus Urach. Beim Abschied versprach man sich gute Nachbarschaft und häufigen Besuch. Auf dem Bahnhof sprach nochmals Unternehmer Laiblin, seine Schlußworte verklangen in der Musik und im Geräusch des abfahrenden Zuges.
Bespannten bisher die Zahnrad-Lokomotiven alle Züge bis Münsingen, kamen nun auch Maschinen der Betriebswerkstätte Ulm nach Lichtenstein. Im Gegenzug erreichten die „Fz" nun sogar den Bahnhof Schelklingen.
Da der Eninger Bahnhof gut zwei Kilometer vom Ort entfernt lag, kamen schon bald nach der Betriebsaufnahme neue Forderungen nach einem direkten Bahnanschluß auf. So hatten Eninger Bürger unter anderem auch die Anbindung ihres Ortes durch eine Straßenbahn vorgeschlagen, was sich letztlich als praktikable Lösung erweisen sollte. Die „Localbahn Eningen – Reutlingen GmbH Ritter von Schwind" erhielt am 3. Oktober 1898 die erforderliche Konzession und konnte bereits knapp elf Monate später (1. 9. 1899) eröffnet werden. Eine betriebliche Besonderheit stellte dabei die niveaugleiche Kreuzung mit der Echazbahn dar. Der bisherige Bahnhof Eningen erhielt daraufhin, da der Ort nun einen eigenen Bahnanschluß besaß, die neue Bezeichnung Reutlingen Süd.
Bei der Weltausstellung in Paris im Jahr 1900 war sogar eine der württembergischen Zahnrad-Lokomotiven vertreten: Dabei handelte es sich um die fabrikneue „Fz 596" (spätere 97 306).
Es dauerte nicht lange, bis in unmittelbarer Nähe die nächste Bahneröffnung anstand: Die zur Nebenbahn Reutlingen – Schelklingen anschließende 19,7 km lange Privatbahn von Gammertingen nach Kleinengstingen nahm am 6. November 1901 ihren Betrieb auf. Diese nach dem preußischen Kleinbahngesetz von 1892 erbaute Linie

stand unter der Betriebsführung der „Westdeutschen Eisenbahn-Gesellschaft". Zusammen mit dem preußischen Staat trat die genannte Gesellschaft als Hauptaktionär auf.
Wenige Monate später konnte auch der letzte Bahnbau in dieser Region vollendet werden: Die Zweiglinie Reutlingen – Gönningen wurde am 20. April 1902 eröffnet. Dabei handelte es sich ebenfalls um eine normalspurige Privatbahn.
Der Verkehr auf der Bahnlinie Reutlingen – Eningen führte schon nach kurzer Zeit zu verschiedenen Kontroversen mit der Betreibergesellschaft. Diese mußte 1903 Konkurs anmelden, so daß die Stadt Eningen kurzerhand – um den langersehnten Bahnanschluß zu behalten – die 4,47 km lange Meterspurstrecke vorläufig in Eigenregie weiter betrieb.
Die Uracher strebten auch nach Fertigstellung der Strecke Reutlingen – Schelklingen eine direkte Bahnverbindung mit Münsingen an. Dieser Wunsch konnte nie verwirklicht werden, auch nicht durch Abgabe der privaten Ermstalbahn am 1. April 1904 an den Staat.
Von Reutlingen aus gab es ferner Bestrebungen zum Umbau des Zahnradabschnitts Honau – Lichtenstein in eine normale Adhäsionsbahn. Dies wurde unter anderem damit begründet, daß das Güteraufkommen nach Ulm auf direktem Wege nicht zu bewältigen sei und deshalb zahlreiche Transporte über Plochingen umgeleitet werden müßten.

Sommerfahrplan 1909

Die „Württembergische Eisenbahn-Gesellschaft" übernahm ab dem 1. Juni 1911 die Strecke Reutlingen – Eningen. Vertraglich war zuvor festgelegt worden, diese Verbindung zu elektrifizieren und als Straßenbahn weiter zu betreiben. Fünf Jahre später ging auch die nahe des Südbahnhofes abzweigende Linie nach Pfullingen in Betrieb. Ausgehend von einer Rollbockgrube im Bahnhofsbereich von Reutlingen Süd fand darauf sogar Güterverkehr zu einem Industriebetrieb statt, wofür eigens elektrische Lokomotiven vorgehalten wurden.
Wegen einer Verlängerung der Ermstalbahn von Urach nach Münsingen und dem Ausbau der Honauer Steige bemühten sich beide Seiten bis zum Ersten Weltkrieg für ihre Interessen. Danach hatte die Bevölkerung ganz andere Probleme, als sich um den Neu-, bzw. Ausbau von Bahnlinien zu kümmern. Man konnte froh sein, wenn der Bahnbetrieb auf den bestehenden Strecken halbwegs normal weiterlief, denn aufgrund der miserablen Versorgungslage kam es in ganz Deutschland immer wieder zum Ausfall von Zügen.

REICHSBAHNZEIT

Nach dem Übergang der Württembergischen Staatsbahn in die Deutsche Reichsbahn wies man den vorhandenen Zahnradloks die neue Baureihen-Bezeichnung 97.3 zu. Zugleich erhielten diese Maschinen das Gattungszeichen „Z 34.14".

Sommerfahrplan 1922

Die fast drei Jahrzehnte alten Zahnrad-Lokomotiven der Bauart Klose waren den gestiegenen Anforderungen hinsichtlich Zugkraft und Kesselleistung kaum noch gewachsen und außerdem inzwischen äußerst reparaturanfällig. Eine leistungsfähigere Bauart, die den Verhältnissen an der Honauer Steige entsprochen hätte, war nicht vorhanden. So entschloß man sich speziell für diese Strecke eine völlig neue Type konstruieren zu lassen. Diese Maschine, sie sollte aber auch auf der mit bis zu 1 : 20 geneigten Strecke Freudenstadt – Klosterreichenbach verwendbar sein, durfte maximal 15 t Achsdruck aufweisen, mußte 300 t mit 20 km/h auf einer mit 1 : 45 geneigten Strecke und 100 t mit 10 km/h im Zahnstangenabschnitt befördern können. Sie sollte eine Höchstgeschwindigkeit von 50 km/h erreichen und Gleisradien von 100 Metern anstandslos durchfahren können.
Daraufhin wurde im Februar 1921 der Bau einer „fünfachsigen Doppelzwillings-Heißdampftenderlokomotive für Reibungs- und Zahnradbetrieb" ausgeschrieben. Den Auftrag zur Erbauung von vier Exemplaren erhielt die Maschinenfabrik Esslingen, worüber die Reichsbahn-Direktion Stuttgart am 6. August 1921 einen Vertrag abschloß.
Vorab mußte geklärt werden, ob die neue Lokomotive wieder zwei Treibzahnräder erhalten sollte, wofür die auftretenden Zahndrücke ausschlaggebend waren. Eingehende Berechnungen führten zur Wahl von nur einem Zahnrad, das in einem ungefederten Zwischenrahmen gelagert wurde. Der aus Tiegelstahl geschmiedete Treibzahnkranz mit einem Durchmesser von 1.082 mm und einer Übersetzung von 1 : 2,27 erhielt 34 Zähne von 100 mm Breite bei 100 mm Teilung und 170 mm Eingriffslänge.
Für den Betrieb auf Adhäsionsbahnen erhielt die Maschine eine selbsttätige Westinghouse-Bremse mit Zusatzventil für nicht selbsttätiges Bremsen, ferner eine Wurfhebelbremse für Rangierfahrten. Beide Systeme wirkten über ein gemeinsames Bremsgestänge auf sämtliche Radreifen. Zur Talfahrt auf der Steilstrecke waren neben der Gegendruckbremse zwei Zahnradbremsen angeordnet: Die eine wirkte als

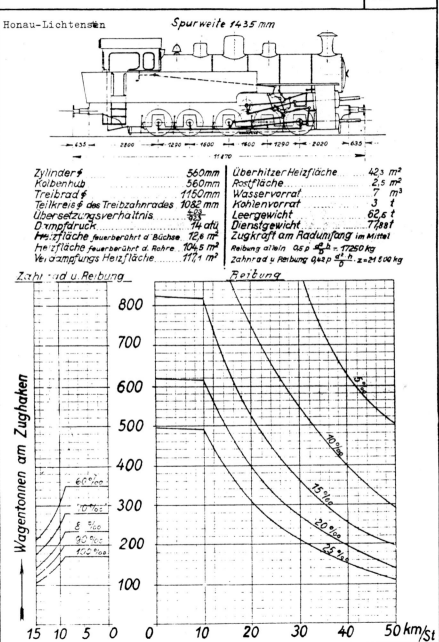

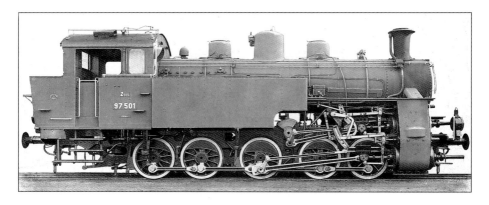

Seitenansicht der fabrikneuen 97 501, welche gleich mit der neuen Reichsbahn-Nummer angeliefert wurde.

Werkaufnahme: Maschinenfabrik Esslingen

Spindelbremse mit vier Klötzen auf ein besonderes Bremszahnrad mit 32 Zähnen, das auf der vorderen Kuppelachse axial frei beweglich lagerte. Die auf Rillenscheiben am Treibzahnrad wirkende Doppelbandbremse wurde über einen besonderen Bremszylinder und ein zweites Zusatzbremsventil betätigt.
Die Lokomotive erhielt zwei Außenzylinder für den Antrieb des Adhäsionstriebwerkes und zwei Innenzylinder, arbeitend als Niederdruckzylinder in Verbundwirkung mit den ersteren auf ein Zahnrad-Vorgelege.
Anhaltende Streiks verzögerten die Fertigstellung. Die 97 501 wurde am 4. Mai 1923 als erste von der Reichsbahn abgenommen. Bei der am 4. Mai 1923 bei gutem Wetter auf der Honauer Steige durchgeführten Abnahmeprobefahrt wurde mit 111 t angehängtem Wagenmaterial eine durchschnittliche Geschwindigkeit von 10,7 km/h gemessen.
Die Maschinenfabrik Esslingen lieferte vier Tage später 97 502 an, die am 11. Mai ebenfalls in den Bestand übernommen wurde. Vor allem mit dieser Maschine wurden eingehende Meßfahrten (z. B. zur Aufstellung des Indikator-Diagrammes) durchgeführt.
Der Beschaffungspreis betrug je Exemplar 98.000,- Mark. Zur Schonung der Zahnräder wurde die höchste zulässige Anhängelast auf 125 t festgesetzt.
Die neuen Zahnradloks, seinerzeit größte und stärkste Bauart in Deutschland, waren in erster Linie zum Einsatz auf der 13,2 km langen Teilstrecke Reutlingen – Lichtenstein bestimmt. Darüber hinaus hatten sie aber auch einzelne Züge über Münsingen bis nach Schelklingen zu führen.
Zwei Jahre später folgten die beiden anderen Maschinen. Da der Auftrag zur Entwicklung einer leistungsfähigeren Lokomotive für die Zahnradbahn Honau – Lichtenstein noch von den Württembergischen Staatsbahnen erteilt worden war, bezeichnete man diese Type in Anlehnung an das württembergische Gattungsschema als „Hz" (H = fünffach gekuppelte Güterzuglok, z = Zahnrad-Triebwerk), obwohl sie bei ihrer Indienststellung gleich die neuen Betriebsnummern 97 501 bis 504 erhielten.

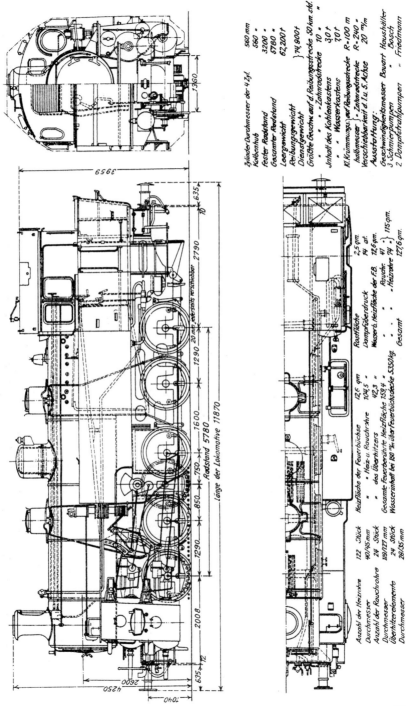

E h2 (4v) - Zahnrad-Dampflokomotive
wü. „Hz" (Baureihe 97.5)

Beschreibung
der Lokomotive Nr. 97503

Fabrikant: **Maschinenfabrik Eßlingen in Eßlingen.**

Fabrik-Nr. 4141

Diese Lokomotive ist eine E + 1 Z Reibungs- & Zahnrad -Lokomotive, bestimmt für eine höchste Geschwindigkeit von 50 km in der Stunde.

Die Lokomotive ruht auf 5 Achsen aus Siemens-Martinstahl von denen sämtliche gekuppelt sind.

Durchmesser der Dampfzylinder . . . . = 560 mm

Hub " " . . . . = 560 mm

Raddurchmesser der Treib- und Kuppelräder . . . . = 1150 mm

" " Laufräder . . . . = -- mm

Ausrüstung.

Im Innern des Führerhauses ist ein Schild angebracht, auf dem die höchste zulässige Geschwindigkeit verzeichnet ist, und ein Schild mit den Daten der nächsten Untersuchungen.

Die Lokomotive ist mit Handbremse, Luftdruckbremse und Bahnräumern ausgerüstet, besitzt einen verschließbaren Aschkasten und Vorrichtungen die den Auswurf glühender Kohlen aus diesem und dem Schornstein zu verhüten bestimmt sind.

Die Lokomotive ist mit einer Vorrichtung zur Verhütung des Schlingerns und mit einer Vorrichtung zum Läuten versehen.

Eßlingen, den 26 ten März 1925.

Portrait der „Bergkönigin" (pr. T 20), die speziell für den Einsatz auf Steilrampen beschafft worden war. Archiv: Verkehrsmuseum Nürnberg

Betriebsnummer	Fabriknummer	Baujahr
97 501	4056	1923
97 502	4057	1923
97 503	4141	1925
97 504	4142	1925

Die dreißig Jahre alten 97.3 kamen nach Inbetriebnahme der neuen Lokomotiven zum Bw Freudenstadt und verblieben dort bis zu ihrer Ausmusterung, die bis 1936 abgeschlossen war.

Neben verschiedenen anderen normalspurigen Zahnradstrecken überprüfte die Reichsbahn Anfang der zwanziger Jahre auch auf den beiden württembergischen Linien Honau – Lichtenstein und Klosterreichenbach – Freudenstadt, ob eine Umstellung auf reinen Adhäsionsbetrieb möglich ist.

Zunächst sollen Versuche mit einer preußischen T 16.1 (Baureihe 94.5-17) unternommen worden sein. Nach Indienststellung der ersten Exemplare der preußischen T 20 fanden mit 77 001 (spätere 95 001) im Juni 1923 Versuchsfahrten im Thüringer Wald statt.

Vier Monate später, am 18.,19. und 22.10., kam diese Maschine auch zwischen Honau und Lichtenstein probeweisezum Einsatz. Es galt, mit der Adhäsionslok vor allem Angaben über die Reibungsziffer und die Wirtschaftlichkeit gegenüber den Zahnrad-Lokomotiven zu ermitteln.

	77 001				97 502		
	Gewicht	Dampfverbrauch (PS)	km/h		Gewicht	Dampfverbrauch (PS)	km/h
1.	57,0 t	42,2	17,2	1.	57,0 t	26,4	16,1
2.	76,0 t	18,0	19,3	2.	57,0 t	26,6	11,4
3.	96,0 t	29,4	10,4	3.	76,0 t	25,0	10,2
4.	96,0 t	28,0	22,0	4.	96,0 t	16,2	10,7
5.	109,0 t	24,4	11,4	5.	116,0 t	21,6	7,94
6.	116,0 t	23,7	8,9	6.	116,0 t	18,4	8,75
7.	116,0 t	21,6	10,9	7.	129,0 t	20,8	8,2
8.	128,5 t	26,6	7,5	8.	142,6 t	21,4	6,82
Bei der letzten Fahrt blieb die Lok zweimal stecken!				9.	142,6 t	23,5	7,1
				10.	170,0 t	23,3	4,3

Als die Adhäsionslok bei besten Witterungsverhältnissen an der Reibungsgrenze angelangt war, ließ sich die Zuglast der 97 502 während weiterer Versuchsfahrten noch steigern; dies allerdings bei zunehmenden Dampfverbrauch und einer für die Zahnradstrecke typisch geringen Geschwindigkeit.
Den anschließenden planmäßigen Einsatz der Baureihe 77 (95) verhinderte zudem die hohe Kuppelradsatz-Fahrmasse von 19 t. Ein entsprechender Ausbau der Bahnlinie wäre wirtschaftlich nicht vertretbar gewesen.

Während der Versuchsfahrten des Reichsbahn-Zentralamtes Berlin (Versuchsanstalt Grunewald) mit den Triebfahrzeugen 77 001 und 97 502 versammelten sich die beteiligten Männer zu einem Gruppenbild. Sammlung: Lotte Ziegler

Die zum seinerzeit gerade sechs Jahre alte 97 504 stellte das Personal für den Fotografen auf Stand 5 des Reutlinger Bahnbetriebswerkes auf.

Aufnahme: Carl Bellingrodt †

Abschließend bleibt noch festzuhalten, daß auf Strecken mit einer Neigung von mehr als 70 ‰ aus Gründen der Wirtschaftlichkeit, aber auch der Betriebssicherheit wegen weiterhin im Zahnradbetrieb gefahren wurde. Die Grenze für einen Einsatz von Adhäsionslokomotiven konnte immerhin von bisher 40 ‰ auf die erwähnten 70 ‰ angehoben werden. Auf der mit 100 ‰ geneigten Honauer Steige blieb es damit beim Einsatz von Zahnrad-Lokomotiven.

Dennoch kam es gelegentlich zu unerlaubten Fahrten mit Reibungslokomotiven über die Zahnstangenstrecke (z. B. mit der Baureihe 94.1), wobei einmal in Honau ein Prellbock überfahren wurde. Neben der ungenügenden Zugkraft bei geringen Reibungskoeffizienten war vor allem die mangelhafte Bremswirkung gefürchtet.

Die 97 501 wurde in der Zeit vom 21. September bis zum 5. Oktober 1924 zusammen mit einer württembergischen Schlepptender-Lokomotive der Baureihe 59 auf der eisenbahntechnischen Ausstellung in Seddin präsentiert.

Im Jahr 1925 stellte man bei der 97 501 die Petroleumbeleuchtung auf Gas um. Der dafür erforderliche Gasbehälter mit einem Fassungsvolumen von 305 Litern wurde auf der Lok am rechten Umlauf vor dem Wasserkasten angebracht.

Auf der Privatbahn Gammertingen – Kleinengstingen übernahm 1925 die Firma „Vereinigte Kleinbahnen AG" die Betriebsführung. Doch schon drei Jahre später nahm man dort die Geschäfte selbst in die Hand: Fortan prangte auf den Fahrzeugen der Schriftzug „Hohenzollerische Landesbahn AG" (HzL).

Die Linie der elektrischen Straßenbahn wurde in den Jahren 1926/27 im Ortsbereich von Pfullingen verlängert. An diesem Neubauabschnitt befanden sich mehrere Stationen.

Täglich begann kurz nach 7 Uhr früh in Reutlingen Hbf die Fahrt des Güterzuges. Dabei kam es nicht selten vor, daß bis Reutlingen Süd 450 Tonnen Last zu befördern waren. Entweder wurde dann die Wagen geteilt und man fuhr zweimal zum Südbahnhof oder aber die Reutlinger Rangierlok schob den Zug ein Stück nach, ohne dabei angekuppelt zu werden. Die Firma Burkhardt erhielt oft Wagen mit Überlast, die dann kurzfristig als Extrafahrt zugestellt wurden. Anschließend besuchte das Personal die Bahnhofswirtschaft. Die nächste Einkehr wurde in Unterhausen gehalten, allerdings nicht in solcher Regelmäßigkeit wie in Pfullingen. Nach dem Rangiermanöver in Honau wurde auch hier die Bahnhofsgaststätte aufgesucht. Und wenn man weiter auf die Alb mußte, so wurde auch in Offenhausen in der Gestütswirtschaft eingekehrt. In Marbach mußte allerdings auf eine Einkehr verzichtet werden, da die nächste Gaststätte zu weit entfernt lag. Während der Rückfahrt wurde nur selten Einkehr gehalten, schließlich wollte die Mannschaft auch wieder mal heimkommen.

Sonntags herrschte meist reger Ausflugsverkehr, ganz besonders an verlängerten Wochenenden wie Ostern oder Pfingsten. Bei besonders schönem Wetter kam es auch mal vor, daß der Lichtensteiner Bahnbedienstete den Zugführer des letzten nach Reutlingen fahrenden Zuges bat, er möge doch nochmals herauffahren. Sein Ansinnen begründete er damit, daß bestimmt noch jede Menge Leute umher wandern, die gar nicht nach der Uhrzeit schauten. Bis zur Ankunft des Zuges in Reutlingen hatte

Mit einem Güterzug hatte 97 503 im Jahr 1931 den Lichtensteiner Bahnhof erreicht. Die Wagen werden vom Personal in Kleinengstingen an die Kollegen aus Ulm übergeben und mit deren Fuhre der Rückweg angetreten.

Aufnahme: Carl Bellingrodt †

Am selben Tag war die Schwesterlok 97 501 für die Bespannung des P 3327 zuständig. *Aufnahme: Carl Bellingrodt †*

Die Reisezüge bestanden in der Regel neben der Lokomotive aus einem Packwagen und drei Personenwagen. *Archiv: Verkehrsmuseum Nürnberg (Slg. Geitmann)*

nochmals eine Sonderleistung nach Lichtenstein und zurück zu fahren. Schon bei der Einfahrt in den Bahnhof war zu sehen, daß hier tatsächlich sehr viele Wanderer den Zug erwarteten und sich über den unbürokratischen Service der Bahn freuten. Selbst im Winter waren die Wagen oftmals so überfüllt, daß die Leute auf den Trittbrettern mitfuhren. Die Ski-Sonderzüge endeten regulär in Lichtenstein, während die leere Garnitur im benachbarten Kleinengstingen hinterstellt wurde. Das Personal nutzte die freie Zeit meist zu einer privaten Einkehr. Es war angewiesen, daß die Wagen eine Stunde vor der Rückfahrt mit der Lok bespannt und beheizt sein mußten. Einmal jedoch kamen die Eisenbahner erst knapp eine halbe Stunde vor der planmäßigen Abfahrtszeit zu ihrem Zug zurück. Die Lokmannschaft mußte feststellen, daß das Feuer in der Maschine schon ziemlich klein war. Auch die Temperatur in den Wagen konnte nur noch als überschlagen bezeichnet werden. So machte man sich also auf den Weg nach Lichtenstein, doch zu allem Überfluß konnte man hier mit der Lok kein Wasser fassen. Also mußte abgekuppelt und schleunigst nach Kleinengstingen zurückgefahren werden. Der Weichenwärter öffnete die Verbindung zum HzL-Bahnhof, damit an deren Wasserkran die Vorräte ergänzt werden konnten. Erst mit einiger Verspätung kehrten die Wintersportler an diesem Tag wieder heim. Dabei konnte es durchaus vorkommen, daß bis zu neun Wagen in einem Zugverband hingen, die nur mit Knorr-Bremsen ausgerüstet waren. In solchen Fällen mußten die Wagen von Hand mitgebremst werden, wofür auch zufällig anwesende Kollegen, die sich gerade auf einer Ausflugstour befanden, trotz ihrer eigentlich dienstfreien Zeit mit eingespannt wurden.

Nur noch wenige Meter und der Ski-Sonderzug hatte sein Ziel, den Bahnhof Lichtenstein, erreicht.   *Archiv: BD Stuttgart*

Winterfahrplan 1932/33

Bei der Lok 97 501 wurde im Jahr 1941 eine elektrische Beleuchtung angebaut. Der Turbogenerator mit einer Leistung von 500 Watt und 25 Volt Gleichspannung fand seinen Platz links neben dem Schornstein.

Im Januar und Februar 1944 bombardierten alliierte Flugzeuge mehrfach den Reutlinger Hauptbahnhof. Dabei war auch 97 501 schwer beschädigt worden, so daß sie vom 1. April bis 12. Dezember 1944 zur Instandsetzung in Esslingen weilte.

Die Stadt Reutlingen übernahm ab dem 1. März 1944 die Betriebsführung auf der Straßenbahnlinie nach Eningen. Sie war damit alleiniger Eigentümer des gesamten meterspurigen Straßenbahnnetzes geworden.

Zu Beginn des letzten Kriegsjahres wurde ein nach Lichtenstein fahrender Zug von einem Tiefflieger angegriffen. Der Heizer hielt sich währenddessen mit einer Hand am Führerstandsgeländer fest. Er mußte selbst mit ansehen, wie ein Geschoß in seine Hand einschlug, wegen des dahinterliegenden Geländers nicht weiterkam und deshalb – wie er selbst sagte – *„in seiner Hand tanzte"*.

Daß vor dem Zweiten Weltkrieg bereits ein Fahrzeug mit Verbrennungsmotor die Honauer Steige befuhr, dürfte kaum bekannt sein...
Aufnahme: Maschinenfabrik Esslingen

GLEISPLAN

Bahnhof Reutlingen Süd

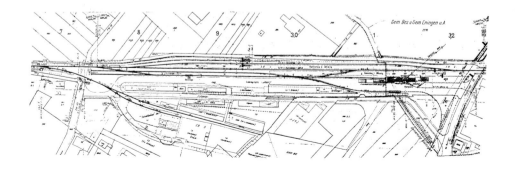

Rar sind Bilder vom Einsatz der Zahnradmaschinen auf Adhäsionsstrecken, obwohl diese hier jahrzehntelang fuhren. Die an den Loklaternen mit Verdunkelungsblenden ausgerüstete 97 504 hatte im Herbst 1941 den Bahnhof Münsingen erreicht.

Archiv: Verkehrsmuseum Nürnberg

Während eines Angriffs im Januar 1945 schlug eine Bombe unmittelbar neben der 97 502 ein. Der Führerstand wurde total beschädigt und die Lok um etwa 90 ° verdreht. Dabei hatte sich der mittlere Radsatz dermaßen verbogen, daß sich die Maschine nicht mehr bewegen ließ. Nun mußte erst unter der Lok ein Loch gegraben werden, ehe man den Radsatz ausbauen konnte. Nachdem das Loch wieder aufgefüllt war, konnte die Maschine zur Maschinenfabrik Esslingen abtransportiert werden. Noch vor Beginn der Instandsetzungsarbeiten war der Krieg vorbei. Weil aber Esslingen in der amerikanischen, Reutlingen dagegen in der französischen Besatzungszone lag, sah das Schicksal der Zahnradlok zunächst eher düster aus: Mangels geeigneter Verwendungsmöglichkeit in der amerikanischen Zone war die Ausmusterung eigentlich schon beschlossene Sache. In Reutlingen allerdings war man auf die Lok angewiesen! Doch der Kontakt unter den Eisenbahnern funktionierte bestens: Die Maschine wurde deshalb in Esslingen so aufgestellt, daß es nur eines kurzen Rangiermanövers bedurfte, um mit einer anderen Lok heranzufahren, anzukuppeln und in Richtung Heimat abzufahren. Eines Nachts geschah dann auch das eben geschilderte. Im Schlepp einer Dampflok der Baureihe 75.0 (ex wü. T 5) kehrte die Zahnradlok nach Reutlingen zurück. Von hier aus wurde sie wenig später dem Ausbesserungswerk Friedrichshafen zugeführt.

Bei Kriegsende wurde zunächst jeglicher Verkehr vorübergehend eingestellt. Doch schon bald konnte wenigstens ein Zugpaar wieder über die Gesamtstrecke rollen, das auch der Zustellung von Güterwagen diente.

Fahrplan, gültig vom 4. Mai 1947 an

Nach dem Krieg verschlug es eine Lok der Baureihe 75.1 (ex bad. VI b) zum Bw Tübingen. Sie fuhr allerdings nur kurze Zeit auf der Talstrecke bis nach Honau. Von dem bei einem Angriff auf die Reutlinger Bahnanlagen völlig zerstörten achtständigen Lokschuppen wurden lediglich zwei Gleise wieder überbaut. Während beide bisherige Werkstattgleise nicht mehr an die Drehscheibe angeschlossen wurden, verblieben die restlichen vier Gleise als Freistände.

Anstehende Untersuchungen und größere Reparaturen führte grundsätzlich die Maschinenfabrik Esslingen durch.   *Archiv: Daimler Benz AG*

BUNDESBAHNZEIT

Die Zahnradlokomotiven hatten ihre Heimat am Ausgangspunkt der Züge. Im Bahnbetriebswerk wurden nach der Rückkehr von einem Einsatz die Vorräte ergänzt sowie Wartungsarbeiten und kleinere Reparaturen ausgeführt. Das Bw Reutlingen wurde wegen der durch Kriegseinwirkung zerstörten Werkstätte von 1946 bis 1951 nach und nach als eigenständige Dienststelle aufgelöst und Tübingen als Außenstelle angegliedert. An den Einsätzen der Maschinen änderte sich dadurch nichts, denn die zur Betriebsführung auf der Echazbahn benötigten Triebfahrzeuge wurden nach wie vor im Reutlinger Lokschuppen vorgehalten.

Nach erfolgreich durchgeführten Probefahrten durfte der planmäßige Einsatz von reinen Reibungslokomotiven über den Steilstreckenabschnitt erfolgen. Die ersten Adhäsionsloks, welche durchgehend von Reutlingen bis nach Münsingen am Zug blieben, waren zwei Vertreter der Baureihe 93.5 (ex preuß. T 14.1). Zugleich mußten sich die Zahnradlokomotiven mit dem Schiebedienst begnügen.

Vor Militär-Sonderzügen nach Münsingen kamen auch Schlepptender-Lokomotiven der Baureihe 57.10 (ex pr. G 10) zum Einsatz. In der Regel wurde der Zug ab Reutlingen mit einer Zahnradlok als Vorspann gefahren. Nach dem Wasserfassen in Honau wechselte die Lok zum hinteren Zugende, um über die Steilstrecke Schubdienste zu leisten. Wenn beispielsweise aus Arbeitszugdiensten eine weitere 97 in Honau verfügbar war, versah diese den Schubdienst und die Vorspannlok verblieb über die Steilstrecke an der Zugspitze.

Winterfahrplan 1954/55

Vor der Bergfahrt mußte das Personal erst die Wasservorräte der 97 501 ergänzen.

Wenig später traf 75 065 mit einem Personenzug in Honau ein. Erst nachdem sich die Zahnradlok an das Ende gesetzt hatte, konnte die Fahrt weitergehen.

Beide Aufnahmen: Daimler Benz AG (ME)

Die 97 501 rollte 1953 mit P 3337 zu Tal, hier wenige Meter vor dem Bahnhof Honau.

Alle auf der Echaztalbahn eingesetzten Triebfahrzeuge waren während der Betriebspausen stets an der Reutlinger Drehscheibe hinterstellt.

Beide Aufnahmen: Carl Bellingrodt †

Dagegen war es nicht zulässig, talwärtsfahrende Züge mit zwei Zahnradloks zu bespannen. In solchen Fällen mußte eine der Maschinen warten und nach der Ankunft des Zuges in Honau alleine zu Tal fahren. Doch in Ausnahmefällen kam es vereinzelt auch zu Vorspannfahrten auf der Steilstrecke!
Die 97 503 erreichte im November '53 eine Laufleistung von über 1.114.000 km seit ihrer Anlieferung.
Ab dem Winterfahrplan 1954/55 kamen im Personenverkehr zwischen Reutlingen Hbf und Schelklingen fast nur noch die neugelieferten Schienenbusse der Baureihe VT 95 zum Einsatz. Die Zahnrad-Dampflokomotiven erhielten zuvor eigens eine zusätzliche Scharfenberg-Kupplung an der vorderen Pufferbohle sowie entsprechende Brems- und Summerschläuche, denn die Triebwagen mußten im Abschnitt zwischen Honau und Lichtenstein stets von einer Zahnradlok nachgeschoben werden. Für den Fall, daß Fahrzeuge mit den üblichen Zug- und Stoßeinrichtungen zu befördern waren, konnte die Scharfenberg-Kupplung abgeklappt werden.
Die bisherige Höchstgeschwindigkeit von 10 km/h auf der Honauer Steige erwies sich beim Triebwagenverkehr als ungeeignet, da diese Fahrzeuge in keinem Gang optimal fahren konnten. Nach eingehender Prüfung durften hier fortan 17 km/h gefahren werden. Dies führte allerdings bei den Dampflokomotiven zu Rahmenbrüchen im Bereich der Zahnradachse. Man versuchte zuerst, den Fortgang der Risse dadurch zu verhindern, indem an den Enden der Risse Löcher gebohrt wurden. Doch erfolglos – erst nach Reduzierung der Geschwindigkeit auf nunmehr 12 km/h traten keine weiteren Schäden mehr auf.

Anläßlich der Jahrestagung der Verkehrsamateure in Stuttgart fand am 10. August 1956 ein Ausflug auf die Schwäbische Alb statt.
Aufnahme (in Lichtenstein): Alfred Grieger

Während der letzten Betriebsjahre verfügten alle Zahnradloks über einen Pufferteller-Warnanstrich, hier 97 502 auf der Honauer Steige. Von kürzlich ausgeführten Oberbau-Arbeiten liegen hier noch einige alte Schienenstücke herum.
Sammlung: Burkhard G. Wollny

Die schnelleren und komfortableren Triebwagen fanden bei den Fahrgästen regen Zuspruch, doch nicht überall sorgten diese Fahrzeuge für Begeisterung: Ein besonders fortschrittlicher Reutlinger, welcher unweit der Echazbahn wohnte, stattete seine Garage bereits in den fünfziger Jahren mit einem neuartigen Torantrieb aus und versetzte damit seine Nachbarschaft in Erstaunen. Wenn der Mann abends von der Arbeit nach Hause kam, mußte er nur einmal hupen und das Tor öffnete sich automatisch. Nachdem er sein Auto in die Garage gefahren hatte, schloß sich das Tor bei abermaliger Betätigung der Hupe wieder von selbst – Phantastisch! Das ging solange gut, bis auf der Bahnlinie Reutlingen – Schelklingen die ersten Schienen-Omnibusse zum Einsatz kamen. Diese hatten nämlich ausgerechnet an drei nahegelegenen Bahnübergängen zu pfeifen. Beim Ertönen des Typhons am ersten Übergang öffnete sich das Garagentor, beim zweiten schloß es sich wieder, beim dritten ging es erneut auf und das blieb es dann auch ...! Nachdem an diesem Zustand trotz mehrfacher Eingaben an Bundesbahn und Stadtverwaltung nichts zu ändern war, ließ der entnervte Autofahrer bald seine tolle Errungenschaft wieder ausbauen und öffnete seine Garage wieder wie alle anderen – von Hand.

Früher wurden zahlreiche Gütertransporte über die Steilstrecke geleitet, die wegen Überlast häufig in mehreren Abteilungen über die Rampe gefahren werden mußten. Später war es dann täglich lediglich ein Nahgüterzug, der in Kleinengstingen von Ulmer Personal mit deren Lokomotive übernommen wurde. Im Laufe der Zeit wurden die möglichen Transporte immer mehr eingeschränkt, so durften beispielsweise keine Holzwagen mehr befördert werden. Schließlich verkehrte der Güterzug nur noch bis Honau und die etwa für Münsingen bestimmten Güterwagen mußten über die Hauptstrecke umgeleitet werden. Nur anläßlich der Bahnunterhaltung konnte man zwischen Honau und Kleinengstingen fortan noch Güterwagen beobachten.

Als erste Maschine ihrer Familie schied 97 503 im Jahre 1955 aus dem Betriebsbestand aus. Die zur L 4-Untersuchung fällige Lok wurde am 19. März 1955 von der Ausbesserung zurückgestellt und diente zunächst als Ersatzteilspender. Deren Ausmusterung erfolgte mit Verfügung der Hauptverwaltung vom 23.11.1956, bzw. der BD Stuttgart vom 28.11.1956. Während der Kessel nach erfolgter Aufarbeitung für die verbliebenen Maschinen weiterverwendet wurde, kam das Fahrgestell am 11. Mai 1957 zum Verschrotten in das Hauptsammellager Desching bei Ingolstadt.

Dagegen erhielten die drei verbliebenen Loks in den fünfziger Jahren bei der Maschinenfabrik Esslingen noch die erforderliche L 4-Untersuchung, wobei bei 97 502 (1954) und 504 (1959) gleichzeitig einige technische Verbesserungen vorgenommen wurden. So erhöhte man den Dampfdruck von 12 auf 14 bar, vergrößerte den Kohlekasten von drei auf vier Tonnen Fassungsvermögen, montierte am Spurkranz des vorderen und hinteren Radsatzes eine besondere Schmier-Einrichtung, ebenso im Be-

Die Schwäbische Alb ist bekannt für ihre strengen Winter. 97 501 – sie verfügte zuletzt als einzige ihrer Familie vorne über ein Lokschild mit DB-Ziffern – stand gegenüber vom Lichtensteiner Bahnhofsgebäude. *Aufnahme: Schäuble*

Bis Anfang der sechziger Jahre waren Tübinger 94.1 (ex wü. Tn) sowohl im Rangierdienst, aber auch bis Honau eingesetzt. Am 26. Mai 1958 stand 94 110 auf Gleis 1 m (=Münsingen) mit einigen Ci-Wagen.   Sammlung: Wolfgang Löckel

97 504 hatte am 15. Juli 1959 keine große Mühe.   Aufnahme: Richard Schatz †

STECKBRIEF DER TRIEBFAHRZEUGE

Baureihe	97.3	97.5	VT 97.9 (797)
Länderbahnbezeichnung	wü. Fz	wü. Hz	—
Baujahre	1893 – 1904	1923 – 1925	1961 – 1965
Bauart	1'Cn4	Eh2 (4v)	Bo
Höchstgeschwindigkeit:			
-Adhäsionsstrecke	50 km/h	50 (60) km/h	90 km/h
-Zahnradstrecke	20 km/h	10 (12) km/h	19 km/h
Zylinder-Durchmesser			
-Adhäsionstriebwerk	2 x 420 mm	2 x 560 mm	—
-Zahnradtriebwerk	2 x 420 mm	2 x 560 mm	—
Kolbenhub			
-Adhäsionstriebwerk	612 mm	560 mm	—
-Zahnradtriebwerk	540 mm	560 mm	—
Kuppelraddurchmesser	1.230 mm	1.150 mm	910 mm
Laufraddurchmesser	945 mm	—	910 mm
Kesselüberdruck	14 bar	12 (14) bar	—
Rostfläche	1,4 m²	2,5 m²	—
Verdampfungsheizfläche	112,4 m²	116,28 m²	—
Überhitzerheizfläche	—	42,3 m²	—
gesamter Achsstand	5.600 mm	5.780 mm	5.950 mm
Länge über Puffer	9.512 mm	11.870 mm	13.950 mm
Dienstgewicht	54,1 t	74,9 t	24,4 t
maximale Achslast	14,0 t	15,0 t	12,1 t
Treibzahnrad-Durchmesser	1.082 mm	1.082 mm	—
Wasserkasteninhalt	4,2 t	7,0 t	—
Kohlekasteninhalt	1,0 t	3,0 (4,0) t	—
indizierte Leistung	—	610 kW 830 PS	2 x 110 kW 2 x 150 PS

Das Bw Reutlingen war stets für die Zugförderung im Echaztal verantwortlich; dennoch hatten die eingesetzten Fahrzeuge ihre Heimat in Tübingen. Lediglich die Zahnrad-Dampfloks waren hier bis in die Nachkriegszeit stationiert.

Aufnahme: Ludwig Franz

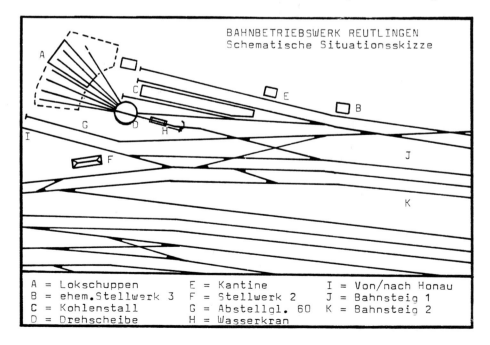

BAHNBETRIEBSWERK REUTLINGEN
Schematische Situationsskizze

```
A = Lokschuppen        E = Kantine          I = Von/nach Honau
B = ehem. Stellwerk 3  F = Stellwerk 2      J = Bahnsteig 1
C = Kohlenstall        G = Abstellgl. 60    K = Bahnsteig 2
D = Drehscheibe        H = Wasserkran
```

reich des Zahnrad-Triebwerkes. Nach Einbau einer Federrückstell-Vorrichtung bei den Gölsdorf-Endachsen konnte nach erfolgreich verlaufenen Probefahrten die zulässige Höchstgeschwindigkeit von ursprünglich 50 km/h (zuletzt nur 40 km/h) auf 60 km/h angehoben werden. Während einer Probefahrt sollen sogar 70 km/h erreicht worden sein, was angesichts des Treibrad-Durchmessers von 1.150 mm einer Drehzahl von 323 U/min entspricht! Bei der 1957 hauptuntersuchten 97 501 beschränkte sich der Umbau auf die Vergrößerung des Kohlekastens, weshalb sie fortan überwiegend als Betriebsreserve diente.

Ab 1958 kamen die ersten zweimotorigen Schienenbusse der Baureihe VT 98 auf der Echazbahn zum Einsatz. Während der Fahrt über die Steilrampe mußten diese Fahrzeuge, wie bisher schon die einmotorigen Triebwagen, von einer der Zahnrad-Dampflokomotiven nachgeschoben werden. Das Bw Tübingen konnte daraufhin eine der beiden VT 95/VB 142-Garnituren abgeben, während die andere dort noch fünf Jahre lang im Bestand bleiben sollte.

Nach einem schweren Unfall auf der Zahnradbahn zum Drachenfels bei Königswinter (14.9.1958) wurden auch die Sicherheitsbestimmungen auf der schwäbischen Steilstrecke verschärft. Fortan nahm man wöchentlich zwei Probefahrten im Zahnstangen-Abschnitt vor: Hierzu fuhr die Lok ohne Wagen zu Tal, wobei sie mit jeder einzelnen Bremse unabhängig aller anderen vorhandenen Bremssysteme zum Stehen gebracht werden mußte. Die Ergebnisse wurden exakt aufgezeichnet und die Niederschriften im Bw Tübingen hinterlegt, wo sie jederzeit einsehbar waren.

Das Bw Tübingen erhielt ab Mitte 1959 einige Tenderlokomotiven der Baureihe 64 zugeteilt, welche die Nachfolge der alten 75er (ex wü. T 5) antraten. Auch diese Type fuhr, unterstützt durch eine der Zahnradloks, mit ihren Zügen über die Steilrampe bis nach Münsingen.

Der Betriebsablauf, als Adhäsionslokomotiven von Reutlingen aus über die Steige kamen, sah folgendermaßen aus: Nachdem in Honau der Fahrdienstleiter den Abfahrauftrag erteilt hatte, betätigte der Lokführer der führenden Maschine die Pfeife. Von der Zahnradlok am Zugende wurde mit einem Pfiff geantwortet, worauf die Fahrt beginnen konnte. Die führende Lokomotive erbrachte dabei solange keine Leistung, bis die 97er das Zahnstangen-Einfahrstück passiert hatte. Nun ertönte von der Zahnradlok ein abermaliges Pfeifsignal, worauf der Lokführer der vorderen Maschine den Regler öffnen durfte. Dabei reichte die von ihr entwickelte Kraft gerade aus, um sich bei trockener Witterung selbst den Berg hinauf zu bewegen. Bei feuchten Schienen mußte auch die Zuglok mit geschoben werden. In den Zügen mit führender Reibungslokomotive stellte es für die Fahrgäste oftmals ein riskantes Unternehmen dar, die Bergfahrt durch das geöffnete Fenster zu beobachten. Die führende Lok überriß nämlich häufig Wasser und versprühte den ganzen Zug. Wegen des darin enthaltenen Aufbereitungsmittels handelte es sich hierbei um eine weiße Brühe. Das Abblasen wegen Dampfüberdruckes mußte vermieden werden, da dieses während der ganzen Bergfahrt anhielt und nicht abzustellen war.

Eine weitere Vorhaltung der drei verbliebenen Zahnrad-Dampflokomotiven hätte dermaßen hohe Kosten verursacht, daß es die BD Stuttgart für wirtschaftlicher erachtete, gleich einen modernen Fahrzeugtyp zu beschaffen. Deshalb erteilte die Bundesbahn 1958 den Auftrag zur Entwicklung eines speziellen Zahnrad-Schienenbusses. Im folgenden Jahr wurden die Firmen Waggonfabrik Uerdingen sowie für den

Eine VT 95/VB 142-Garnitur hatte im April 1960 soeben den Bahnhof Schelklingen erreicht.   Aufnahme: Wolfgang Kapp, Sammlung: Herbert Stemmler

Das Ensemble des alten Lichtensteiner Schuppens für die Zahnrad- und Wendelok ist – ohne Gleise – heute noch vorhanden.   Aufnahme: Gerhard Moll

Zahnradteil die schweizer Lokomotiv- und Maschinenfabrik Winterthur mit der Fertigung von sechs Triebwagen betraut. Die Unterscheidungsmerkmale gegenüber den herkömmlichen Schienen-Omnibussen bestanden in der geänderten Kraftübertragung, den Bremseinrichtungen, dem Laufgestell, bei den Treibradsätzen, der Fahrzeugabmessung, in der Treibzahnrad- und Spurkranzschmierung. Weitere Bauartänderungen betrafen die Radsatzführung, Achs- und Luftfederung sowie das Gesamtgewicht.
Die Bremseinrichtungen gliederten sich in:

» eine pneumatisch wirkende Scheibenbremse (zwei Bremsscheiben auf jeder Treibachse) mit Wirkung des Achsgetriebes auf das Zahnrad.
» eine vom ersten Bremssystem völlig unabhängige Klinkenband-Klotzbremse, die direkt mit dem Triebzahnrad verbunden ist.
» eine Motorbremse für beide Dieselmotoren zur Entlastung des ersten Bremssystems.
» eine Handspindelbremse je Führerstand mit Wirkung auf die Scheibenbremsen der nächst gelegenen Achse.
» eine unverändert vom VT 98 übernommene Magnet-Schienenbremse.

Zum Einsatz auf der Steilstrecke installierte man in diese Fahrzeuge eine weitere Sicherheits-Einrichtung, die beim Überschreiten der zulässigen Höchstgeschwindigkeit um mehr als 30 % automatisch eine Zwangsbremsung einleitete. Da die Klinkenband-Klotzbremse nur in einer Richtung aktiviert werden konnte, durften die Triebwagen nicht gewendet werden. Desweiteren verfügten die Schienenbusse über einen speziellen Berggang: Vor Befahren der Steilstrecke konnte damit die Getriebe-Übersetzung geändert werden.
Der Achsstand der Zahnradtriebwagen war gegenüber den Schwesterfahrzeugen der Reihe VT 98 von 6.000 mm um 50 mm verkürzt. Damit konnte ein Aufschaukeln aus der Zahnlamelle durch einen Gleichtakt von Zahnstangenlänge, Zahnteilung und Achsstand vermieden werden.
Vom AW Kassel kommend trafen die bestellten Triebwagen mit den Betriebsnummern VT 97 901 - 906 ab September 1961 beim Bw Tübingen ein, wo sie zunächst verschiedene Probefahrten zu absolvieren hatten.

VT 97 901: 12.9.1961
VT 97 902: 25.1.1962
VT 97 903: 8.2.1962
VT 97 904: 13.2.1962
VT 97 905: 20.2.1962
VT 97 906: 29.3.1962

Zur Erhöhung der Sitzplatzkapazitäten kamen noch sechs Steuerwagen (VS 97 001 - 006) und ein Beiwagen (VB 97 001) hinzu.
Vor dem planmäßigen Einsatz der Zahnrad-Schienenbusse wurden neue Bestimmungen für den Betrieb auf der Zahnstangenstrecke herausgegeben. Darin war geregelt, welche Fahrzeuge diesen Streckenabschnitt befahren durften. Desweiteren enthielt die Vorschrift Angaben über Zugbildung, Bremsgewichte, Standsicherheit, Brems-

Mit einem von Reutlingen kommenden Personenzug hatte 64 520 – letztgebaute ihrer Familie – den Bahnhof Honau erreicht. Zur Fahrt über die Steilstrecke erhielt sie Unterstützung durch eine 97er.   *Aufnahme (2.10.1960): Karl Weiblen*

In Lichtenstein blieb die Zahnradlok zurück.   *Aufnahme (1960): Wolfgang Zach*

Maschinenfabrik Esslingen

DRAHTWORT Telex 072/3882 Maschinenfabrik Esslingenneckar
FERNSPRECHER Stuttgart Sammel-nummer 35 16 11
FERNSCHREIBER Nummer 072/3882 me esslingen
BANK- UND POSTSCHECKKONTEN Deutsche Bank AG Stuttgart u. Esslingen · Dresdner Bank AG, Stuttgart · Esslingen · Commerzbank AG Stuttgart · P. Sch. Stuttgart 782
BAHNVERSAND Obertürkheim

An die
Bundesbahndirektion Stuttgart

Stuttgart N
Heilbronnerstr. 7

BD Stuttgart Eing 27. JAN.1962 V

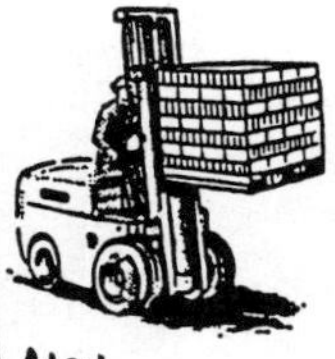

Mit **Esslinger Staplern** schneller u. rationeller!

Esslingen / Neckar
Postschließfach 85

| Ihre Zeichen | Ihre Nachricht vom | Unser Hausruf 205 | Unsere Zeichen TL/Db/Wi. | Tag 24.1.1962 |

Betreff: Alte Dampflokomotive

Wir tragen uns mit dem Gedanken, eine Eßlinger Dampflokomotive auf dem Werksgelände als Denkmal aufzustellen. Dabei denken wir an die Möglichkeit, von Ihnen eine Lokomotive zu erwerben, sobald sie ausgemustert wird.

Unseres Wissens sind noch folgende württembergische Bauarten in Betrieb:

75^0 (T 5)
94^1 (T n)
97^5 (Zahnradlok Honau)
99^{19}
99^{63} (Tssd)

Davon käme eine in Frage.

Wir hoffen gerne, daß Sie unser Vorhaben unterstützen können und uns für den Erwerb günstige Bedingungen einräumen können. Für eine baldige, zunächst noch unverbindliche Stellungnahme wären wir Ihnen dankbar.

Hochachtungsvoll
MASCHINENFABRIK ESSLINGEN

Vorsitzer des Aufsichtsrates: Hermann Reusch Vorstand: Alfred Geppert, Kurt H. v. Falkenhausen

Schichtwechsel – am 26. Mai 1962 hatte 97 504 ihren letzten Einsatztag auf der Steilstrecke. Fortan verkehrten hier nur noch Diesel-Triebwagen.
Aufnahme: Karl Weiblen

prüfung, Bremsprobe, Höchstgeschwindigkeit, Besetzen und Bedienen der Bremsen, Regeln der Fahrgeschwindigkeit, besondere Streckenkenntnis des Personals, außergewöhnliche Vorkommnisse und Nebenfahrzeuge. Die Bestimmungen traten mit Beginn des Sommerfahrplanes 1962 am 27. Mai in Kraft.

Die Bundesbahn investierte nicht nur in den Fahrzeugpark: In Lichtenstein wurden umfangreiche Gleisbauarbeiten durchgeführt. Da schon seit Jahren über die Steilstrecke kein Güterverkehr mehr durchgeführt wurde, konnten gleich mehrere Weichen und ein Nebengleis eingespart werden. Desweiteren erneuerte man die zwischenzeitlich arg verschlissene Zahnlamelle.

Unmittelbar nach Indienststellung der neuen Zahnrad-Triebwagen gingen die Einsätze der verbliebenen Dampflokomotiven merklich zurück. So weist das Betriebsbuch für die 97 501 im Februar 1962 gerade mal zwei, im März immerhin noch vier und im Mai nochmals vier Einsatztage aus. Die letzte Fahrt einer Zahnradlok fand schließlich am 26. Mai 1962 mit der 97 504 statt. So konnten ab diesem Zeitpunkt auch keine 64er mehr über die Steilrampe verkehren, womit dieser Abschnitt „dampffrei" war.

Die 97 502 wurde schon am 26. April 1962 ausgemustert und am 17. August des selben Jahres zum Herstellerwerk zurück überführt. Zum Schrottpreis von DM 8.000,- hatte die Maschinenfabrik Esslingen den Veteran wieder erworben, um ihn zusammen mit einer 1896 erbauten württembergischen T 3 (89 312) im Fabrikhof als Denkmal aufzustellen.

Bremszettel

Zug 3356   am 22.04.62

ahnhof Lichtenstein

Bremsart P

Achsenzahl 10, davon handgebremst 1

Wagenzuggewicht 104 t, davon handgebremst — t

Gesamtzuggewicht 251 t

Bremsgewicht des Wagenzugs 87 t,

davon handgebremst — t

Gesamtbremsgewicht 246 t

vorhandene Bremshundertstel 98 %

Mangel an Bremshundertsteln [FV § 60 (4)] —

Zahl der eingeschalteten

einlösigen Bremsen —

mehrlösigen Bremsen 5

Zahl der bedienten Handbremsen 1

Bemerkungen:

97 502

Pütz Uhw

Bitte wenden!   (Zugführer)

Anläßlich einer Sonderfahrt für Eisenbahnfreunde wurde die 97 504 am 11. Mai 1964 im Reutlinger Hauptbahnhof ausgestellt.

Mit den Garnituren VS 97 002/VT 97 902 und VS 97 004/VT 97 904 ging es anschließend nach Lichtenstein.   Beide Aufnahmen: Richard Schatz †

Pto 34 085 (30.8)
am Montag, 11. Mai 1964
Reutlingen Hbf — Lichtenstein (Württ)

Hg: 60 km/h
VT 97 + VS + VT 97 + VS

51 Mbr
(Ho—Lst bes Vorschr)

1	2	3	4	5	6
0,0		Reutlingen Hbf		8.55	K 3322
	40	2,8 ⌒ ∞			
3,1	50	Reutlingen Süd		9.00	
	60	E ⌒			
4,9		Pfullingen		02	vor Ng 9357
6,1	50	Pfullingen Süd Hst		—	—
	63				
	30	6,4 ⌒			
8,2		Unterhausen (Württ) Spinnerei Hst		—	—
9,8	50	Unterhausen (Württ)			
11,0		Honau (Württ)	9.11	09 9.30	
	10	12,9 VE ▽			
13,1		Lichtenstein (Württ)	9.41		K 94 086

Die HzL-Lok 15 wartete mit einigen älteren Wagen im Bahnhof Lichtenstein auf die Fahrgäste zur Weiterfahrt über Kleinengstingen nach Gammertingen.

Aufnahme: Richard Schatz †

Beide verbliebenen Zahnrad-Dampfloks wurden am 9. Juni von der Ausbesserung zurückgestellt und per 10. August 1962 aus den Beständen gestrichen. Nach längerer Abstellzeit in Reutlingen siedelten beide 1965 nach Horb um, wo sie im dortigen Lokschuppen witterungsgeschützt hinterstellt wurden.

Im Sommer 1963 kamen die Zahnrad-Triebwagen VT 97 901 und 902 sowie der aus dem VB 142 554 entstandene Beiwagen VB 97 001 zum Bw Passau. Dort fanden diese Fahrzeuge auf der niederbayerischen Zahnradbahn Obernzell – Wegscheid ein neues Einsatzgebiet. Doch schon bald kehrten alle Schienenbusse wieder nach Tübingen zurück, nachdem diese Strecke wegen eines Hangrutsches zwischen Erlau und Obernzell am 28. Januar 1965 eingestellt worden war. Im selben Jahr gelangten die beiden zuvor bestellten Zahnrad-Triebwagen VT 97 907 und 908 fabrikneu in den Bestand des Bw Tübingen.

Die vorhandenen Fahrzeuge für den Einsatz auf der Steilstrecke Honau – Lichtenstein erhielten zum 1. Januar 1968 neue EDV-gerechte Betriebsnummern:

```
797 901 – 908   (ex VT 97 901 – 908)
997 001         (ex VB 97 001)
997 601 – 606   (ex VS 97 001 – 006)
```

Schon mit Wirkung vom 1. Juni 1969 wurde auf der von der „Hohenzollerischen Landesbahn AG" betriebene Abschnitt Trochtelfingen – Kleinengstingen für den

Personenverkehr stillgelegt. Drei Jahre später, am 28. Mai 1972, endete auch die Reisezugära zwischen Gammertingen und Trochtelfingen. Damit bestand auch diese Bahnlinie nur noch für den Güterverkehr.
Personenverkehr zwischen Honau und Schelklingen fand letztmals am Sonntag, den 27. Juli 1969 statt. Der letzte fahrplanmäßige Zug nach Reutlingen verließ den Lichtensteiner Bahnhof um 20.23 Uhr. Ab dem folgenden Tag mußten die Fahrgäste mit den weitaus weniger komfortablen Bahnbussen auf der parallel verlaufenden Straße Vorlieb nehmen. Wenige Wochen später, im September durfte letztmals ein Sonderzug über die Honauer Steige rollen.
Der Rückbau sämtlicher Gleis- und Signalanlagen auf dem stillgelegten Teilabschnitt Honau – Kleinengstingen wurde bereits im Juli '69 verfügt. Die Schienen blieben trotzdem noch einige Zeit liegen. Erst im Dezember 1970 wurden die Gleisjoche entfernt, wobei das Oberbaumaterial der Steilstrecke vor Ort zerlegt und mit Straßenfahrzeugen abtransportiert wurde. Seither zeugt nur noch ein verwaistes Schotterbett von dieser weit über die Grenzen Deutschlands hinaus bekannten Bahnlinie. Noch brauchbare Materialien fanden auf anderen Strecken weitere Verwendung; so kamen bisher auf dem Zahnstangenabschnitt verlegte Schwellen bei der Nebenbahn Blaufelden – Langenburg zum Wiedereinbau. Auf der alten Bahntrasse wurde nach dem Abbau der Gleisanlagen zunächst eine Kanalisation verlegt und später ein Radweg eingerichtet.
Nach Stillegung der Steilstrecke bestand keine Notwendigkeit mehr, die besonderen Zahnradgetriebe der Schienenbusse weiter zu unterhalten. Die Triebwagen wurden daraufhin im Ausbesserungswerk Kassel zu Adhäsionsfahrzeugen umgerüstet. Sie verblieben unter der Baureihenbezeichnung 797.5 beim Bw Tübingen und kamen nach wie vor zwischen Reutlingen Hbf und Honau, aber auch auf den von Göppingen ausgehenden Strecken nach Schwäbisch Gmünd und Boll zum Einsatz.
Der aus einem Schienenbus-Beiwagen entstandene 997 001-3 (ex VB 97 001) wurde am 15. November 1970 ausgemustert. Dieses Fahrzeug entstand 1955 unter der Fabriknummer A 909 bei der Firma Orion.
Noch bis Ende der sechziger Jahre bespannte die Baureihe 064 planmäßig den Güterzug ins Echaztal. Zwar übernahmen die ersten drei Tübinger 260/261deren Leistung seit 1969, bei Ausfall einer Diesellok konnte man aber fallweise noch eine Dampflokomotive in diesen Diensten beobachten. Zur Jahreswende 1970/71 verfügte das Bw Tübingen noch über vier einsatzfähige Maschinen, doch schon am 7. März wanderten 064 289-2 und 519-2 nach Heilbronn aus. Die beiden letzten Exemplare hielten sich noch bis 1972: 064 094-6 wurde am 19. Juli von der Ausbesserung zurückgestellt und per 8. November aus den Beständen gestrichen. Die Ausmusterungs-Verfügung vom 21. Dezember 1972 enthielt auch die letzte Tübinger Lok ihrer Familie: 064 518-4. Diese Maschine befand sich bis zum 6. September im Einsatzbestand. Im Übergabedienst bis Pfullingen sah man auch Kleinloks der Leistungsklasse II.

Abbildung Seite 68:

Als N 4394 aus Münsingen erreichten 797 906-5/997 604-4 am 23. Juli 1969 den Bahnhof Honau. Bereits fünf Tage später mußten sich die Reisenden mit einem Omnibus begnügen...
Aufnahme: Karl Weiblen

Als letztes Schienenfahrzeug im ehemaligen Bahnhof Lichtenstein hinterließ der Schwenkkran bleibende Spuren...

Die entlang der Honauer Steige demontierten Oberbaustoffe wurden in Honau gesammelt und später abgefahren.   Beide Aufnahmen (5.12.1970): Herbert Stemmler

Mit dem Honauer Nahgüterzug am Haken verließ 64 518 am 11. März 1969 den Bahnhof Pfullingen.   *Aufnahme: Herbert Stemmler*

Die letzten Dampflokeinsätze vor Personenzügen zwischen Reutlingen und Honau endeten wenig später mit Abgabe von 050 383-9, 050 443-1, 051 559-4, 051 681-6 und 052 953-9 nach Rottweil. Das Bw Tübingen beheimatete damit ab dem 4. Juni 1973 nur noch Diesellokomotiven, bzw. Triebwagen.

Die Anlagen des alten Reutlinger Bahnbetriebswerkes wurden daraufhin nicht mehr benötigt. Bereits 1972 wurde der baufällige Lokschuppen dem Erdboden gleichgemacht. Etwa ein Jahr später entfernte die Bahnmeisterei auch die Drehscheibe samt zugehöriger ehemaliger Lokschuppengleise.

Nach Außerdienststellung der 098 812-1 als letzter Vertreter bayerischer Dampflokomotiven im Juni 1970 beim Bw Schweinfurt setzte die Deutsche Bundesbahn diese Lok in einer einzigartigen Aktion bei einem Preisrätsel als Gewinn aus. Ein Bayreuther Student landete den Haupttreffer und übergab die Maschine der „Museumsbahn e. V." in Darmstadt-Kranichstein sowie den „Ulmer Eisenbahnfreunden e. V." (UEF). Nach ihrer Wiederinbetriebnahme kam sie ab Juni 1971 vor Sonderzügen im Raum Ulm zum Einsatz. Mehr als fünf Jahre lang unternahm das 1914 erbaute Exponat auch zahlreiche Ausflüge nach Münsingen, Marbach oder Kleinengstingen. Ab 1972 wurde sie dabei von der 86 346 unterstützt, die dank großzügiger Spenden mehrerer Firmen in das Vereinseigentum der UEF überging.

Nach jahrelanger Abstellzeit in Horb überführte man die 97 501 am 5. April 1972 in das Bw Tübingen. Nach einer äußerlichen Aufarbeitung erreichte der Veteran schließ-

Abbildung Seite 70:

Eine betriebliche Besonderheit stellte zweifelsohne die signalgesicherte niveaugleiche Kreuzung zwischen der Reutlinger Straßenbahn und der Echaztalbahn nahe des Reutlinger Südbahnhofs dar.   *Sammlung: Wolfgang Löckel*

Der noch als Zahnrad-Triebwagen bezeichnete 797 904-0 stand am 13. August 1970 mit 997 606-9 als Pto 4372 in Honau zur Rückfahrt bereit. Aufnahme: Franz Jäger

Anläßlich der DGEG-Jahrestagung in Stuttgart 1971 verkehrte am ersten Sonntag nach Ostern ein Sonderzug im Echaztal. Aufnahme: Joachim Kraus

Den Nahgüterzug nach Kleinengstingen bespannte am 8. September 1971 die Schlepptender-Lokomotive 052 840-6. Neben dem Güterzug-Begleitwagen hatte sie während der Hinfahrt insgesamt sieben Wagen zu ziehen (hier zwischen Münsingen und Marbach), in der Gegenrichtung waren es nur zwei (Durchfahrt Offenhausen).

Beide Aufnahmen: Herbert Stemmler

Die Baureihe 44 erreichte mit Militär-Sonderzügen gelegentlich die Schwäbische Alb; während Großmanövern mußten sogar Maschinen norddeutscher Bahnbetriebswerke aushelfen! Am 9. Mai 1972 kehrte 044 566-8 von Münsingen zurück, hier bei der Abfahrt aus Ulm Rbf in Richtung Crailsheim.   *Aufnahme: Rudolf P. Pavel*

lich am 22. April des selben Jahres den Bahnhof Münsingen, wo er an vergangene Zeiten erinnern sollte. Mangels entsprechender Pflege zeugte das Denkmal bald eher von der Vergänglichkeit alles Irdischen. Deshalb sorgten Reutlinger Eisenbahnfreunde dafür, daß die 97 501 nach genau drei Jahren wieder in ihre frühere Wirkungsstätte zurückkehrte.

Die nahe dem Haltepunkt Talsteußlingen bei km 53+029 gelegene Fachwerk-Brücke über die Schmiech mußte in den Jahren 1973/74 erneuert werden. Dabei kam eine Vollwandträger-Bauweise mit 21,0 m Stützweite zur Anwendung.

Da der Straßenbahnbetrieb der Stadt Reutlingen im Gegensatz zum Busverkehr von Jahr zu Jahr immer höhere Verluste einfuhr, hatten die Stadtväter bereits im November 1963 bei der Technischen Universität in Stuttgart ein Gutachten in Auftrag gegeben. Der mit den Untersuchungen beauftragte Professor Lambert rechnete vor, daß ein Ausbau des Straßenbahnnetzes zu hohe Investitionen erfordern würde. Der vom Stadtplanungsamt vorgesehene zweigleisige Ausbau samt Verlängerung einzelner Linien, die unterirdische Gleisführung im Bereich der Gartenstraße sowie der Bau einer Überführung beim Südbahnhof kamen damit nicht mehr in Betracht. Nach Teilstillegung mehrerer Linien 1967 und 1970 endete nach Eningen und Pfullingen am 19. Oktober 1974 der Betrieb. Damit entfiel auch die niveaugleiche Kreuzung mit der Echazbahn beim Südbahnhof.

Zur Jahreswende 1975/76 befanden sich gerade noch zehn Maschinen der Baureihe 050-053 beim Bw Ulm im Einsatzbestand (davon eine als Heizlok), doch schon am

Für die Bespannung der Übergabe war am 7. April 1973 die Ulmer 051 771-4 eingeteilt. Franz Jäger fotografierte beim Zwischenhalt in Mehrstetten.

Bahnhof Kleinengstingen

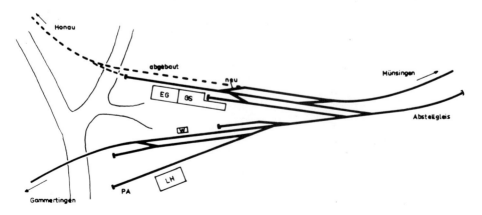

Zeichnung: Hans-Joachim Knupfer

Nach der Ankunft in Kleinengstingen rangierte 051 771-4 zum Bahnhofsteil der „Hohenzollerischen Landesbahn AG", um das Lagerhaus bedienen zu können.

Wenig später stand die Lok mit dem Güterzug-Begleitwagen neben dem Stationsgebäude zur Rückfahrt bereit.   Beide Aufnahmen: Franz Jäger

Die 051 428-2 rollte am 23. Mai 1974 mit einem Sonderzug durch das Schmiechtal.
Aufnahme: Rudolf P. Pavel

7. Januar endete dort der planmäßige Einsatz von Dampflokomotiven. Die Umlaufpläne sahen bis zuletzt auch die Bespannung eines Güterzugpaares nach Kleinengstingen vor. Die Nachfolge traten auf dieser Strecke diesel-hydraulische Lokomotiven der Baureihe 211 von der selben Dienststelle an.
Nach Übernahme der Maschinenfabrik Esslingen durch die Daimler-Benz AG wurde dort auf die beiden Lokomotiv-Denkmäler im Werkshof verzichtet. Während die T 3 zum Technischen Museum nach Mannheim gelangte, fand die Zahnradlok bei der „Deutschen Gesellschaft für Eisenbahngeschichte e. V." ein neues Zuhause. Seit April 1976 befindet sich 97 502 im Eisenbahn-Museum Bochum-Dahlhausen.
Im Rahmen der offiziellen Verabschiedung der Dampftraktion in Süddeutschland bespannte 86 346 am 26. Mai 1976 einen Sonderzug von Ulm nach Kleinengstingen. Am darauffolgenden Tag fand im Ulmer Hauptbahnhof eine Ausstellung verschiedener Exponate historischer und moderner Triebfahrzeuge statt. Ein dampfbespannter Zug pendelte den ganzen Tag zwischen Ulm und Blaubeuren hin und her. Eisenbahnfreunde organisierten ferner einen Sonderzug von Tübingen nach Ulm und zurück. Am 28. Mai wurden schließlich fast alle Dampflokomotiven nach Crailsheim überführt, wo sie entweder an Interessenten zum Schrottpreis verkauft oder aber zerlegt wurden. Die unwiderruflich letzte Fahrt einer Bundesbahn-Dampflok von Ulm aus erfolgte erst einen Tag später, als 050 419-1 einen Güterzug über Aalen nach Crailsheim beförderte. Nach 126 Jahren endete damit eine Epoche in der Donaustadt.
Mit Stillegung der Privatbahn Reutlingen – Gönningen am 29. Mai 1976 für den Personenverkehr verlor der Bahnknotenpunkt Reutlingen weiter an Bedeutung. Die

Am 24. Oktober 1976 unternahmen die „Ulmer Eisenbahnfreunde e. V." (UEF) einen Ausflug nach Marbach. Anstelle der angekündigten 98 812 kam vor dem Sonderzug die 86 346 zum Einsatz. Diese Bilder entstanden bei der Hinfahrt nahe Schmiechen (oben) und während dem abendlichen Rückweg zwischen Marbach und Münsingen (unten).

Beide Aufnahmen: Wolfgang Bleiweis

Mit dem nächsten Sonderzug rollte 98 812 sechs Tage später nach Marbach. Adolf Bauer fotografierte bei der Einfahrt in den Bahnhof Schelklingen.

Eigens für die anwesenden Fotografen legte 86 346 am 18. Dezember 1976 im Bahnhof Marbach eine Scheinanfahrt hin.   *Aufnahme: Manfred Baumann*

Die allabendliche Zugkreuzung beobachtete Stefan Motz am 21. Mai 1980 im Bahnhof Pfullingen. Das Bw Tübingen hatte die Garnituren 797 504-8/997 603-6 (links) und 998 624-1/998 045-9/797 502-2 (rechts Richtung Honau) für den Dienst im Echaztal eingeteilt.

betriebsführende „Württembergische Nebenbahnen GmbH" (WNB) hielt den Güterverkehr noch bis zum 30. Juni 1982 aufrecht, anschließend wurden alle Bahnanlagen bis auf einen 6,5 km langen Teilabschnitt abgebaut. Das verbliebene Reststück von Reutlingen bis Ohmenhausen wurde genau drei Jahre später stillgelegt.
Auch die Möglichkeit zum Einsatz privater Dampflokomotiven auf Bundesbahngleisen sollte nur von kurzer Dauer sein: Noch an einigen Wochenenden konnte ein Nostalgie-Expreß von Ulm zur Schwäbischen Alb fahren. Auf Initiative verschiedener Vereine, namentlich den „Eisenbahnfreunden Zollernbahn e. V.", den „Ulmer Eisenbahnfreunden e. V." und dem „Eisenbahn-Kurier", durften in den letzten Wochen des Jahres 1976 mehrere dampfbespannte Sonderzüge auf verschiedenen Strecken in Württemberg verkehren. Dabei gelangte auch mehrfach eine Dampflokomotive zwischen Schelklingen und Kleinengstingen zum Einsatz: So befuhren an den beiden letzten Oktober-Wochenenden 86 346, bzw. 98 812 die reizvolle Strecke bis Marbach. Am 18.12. sollte die bayerische Lokalbahnlok abermals nach Marbach rollen; wegen eines Siederohrschadens mußte jedoch kurzfristig auf die 86er zurückgegriffen werden. Die vorletzte Fahrt eines Dampfzuges auf dem von der BD Stuttgart verwalteten Streckennetz tangierte wiederum die Bahn auf der Schwäbischen Alb: 24 009 brachte am 29. Dezember einen Zug von Tübingen bis Schelklingen. Hier wartete der Anschlußzug nach Münsingen mit 86 346.
Zum 1. Januar 1977 trat das von der Hauptverwaltung der DB verfügte Dampflokverbot in Kraft. Wenige Tage später erfolgte der Abriß der Bekohlungsanlage in Ulm, womit hier vollendete Tatsachen geschaffen waren!

Zur Erinnerung an die längst stillgelegte Zahnradbahn von Obernzell nach Wegscheid, von der sämtliche Dampflokomotiven dem Schneidbrenner zum Opfer fielen, kaufte der Inhaber der Firma Galvano-Bauer die 97 501. Ab dem 2. August 1978 stand sie unmittelbar neben dem Stationsgebäude in Obernzell.

Sommerfahrplan 1979

Der planmäßige Reiseverkehr auf der Echaztalbahn endete mit Ablauf des Winterfahrplans am 30. Mai 1980. Der letzte Zug bestand wie in den letzten Jahren aus einer dreiteiligen Schienenbus-Garnitur.

Lediglich zwei Eisenbahnfreunde hatten sich zur Abfahrt des letzten planmäßigen Reisezuges am Reutlinger Hauptbahnhof eingefunden, sonst nahm kaum jemand davon Notiz!
Aufnahme: Wolfgang Geisel

Fortan mußten sich die bisherigen Bahnkunden mit den Angeboten verschiedener Busunternehmen zufrieden geben. Konnte man bisher auf der Schiene mit einer Höchstgeschwindigkeit von 60 km/h in die Stadt und wieder zurück fahren, mußte für die selbe Entfernung vor allem während der Hauptverkehrszeiten eine erheblich längere Reisezeit in Kauf genommen werden.

Nach langjähriger Abstellzeit in Horb und Freudenstadt mußte die 97 504 zusammen mit einem alten Gleichstrom-Triebwagen der Reihe ET 183 am 16. Mai 1981 nach Kornwestheim umziehen. Dort warteten beide Exponate auf die Fertigstellung des Museums für Verkehr und Technik in Berlin.

BETRIEBSDIENST

85 Nebenbahn Reutlingen - Honau (Württ)

Pr (35AN) B 45
Bebsn 407
10.03.83

Mit Genehmigung des Bundesministers für Verkehr wird der Gesamtbetrieb (Güterzugbetrieb) der Teilstrecke Reutlingen Süd - Honau (Württ) der Nebenbahn Reutlingen - Honau (Württ) am 28. Mai 1983 (Fahrplanwechsel) für dauernd eingestellt. Die unmittelbar beteiligten Stellen wurden bereits unterrichtet.

An alle Stellen

Knapp drei Jahre nach dem Ende der Reisezugära wurde die Teilstrecke Reutlingen Süd – Honau mit Ablauf des Winterfahrplans am 28. Mai 1983 für den Gesamtverkehr stillgelegt. Lediglich ein bereits vor Bekanntwerden des Stillegungstermins verkaufter Schülersonderzug von Pfullingen nach Nördlingen und zurück durfte am 11. Oktober 1983 noch verkehren. Dessen Rückkunft bildete nach über 91 Jahren den wohl endgültigen Schlußpunkt zur Eisenbahnära im Echaztal.

Die Demontage sämtlicher Gleisanlagen zwischen Reutlingen Süd und Honau wurde bereits am 2. September 1983 verfügt. Die Arbeiten begannen am 7. Februar 1984 und konnten am 9. März abgeschlossen werden. Das bisherige Hauptgleis endete ab diesem Zeitpunkt am Bahnübergang bei km 3+230; ein wenige Meter dahinter befindlicher Gleisanschluß wurde damit vom Streckennetz abgeschnitten! Auf der bisherigen Bahntrasse sollte ursprünglich eine Busspur entstehen, was jedoch aus Kostengründen unterblieb. Den ehemaligen Gleiskörper im Echaztal versah man schließlich abschnittsweise mit einem Asphaltbelag, um darauf einen neuen Radweg einzurichten.

Den Abbau sämtlicher Bahnanlagen zwischen Reutlingen Süd und Honau vollzog die Bundesbahn im Winter 1984 – die Kommunalpolitiker sahen der Zerstörung ihrer Infrastruktur tatenlos zu. Wolfgang Geisel kam am 2. März mit der Kamera nach Pfullingen (oben) und zum Reutlinger Südbahnhof, wo gerade demontierte Oberbaustoffe verladen wurden.

Ein großer Teil der ehemaligen Zahnrad-Schienenbusse der Baureihe 797 wurde nach Stillegung der Nebenbahn Göppingen – Schwäbisch Gmünd Mitte der achtziger Jahre außer Betrieb genommen. Lediglich drei Triebwagen standen beim Bw Tübingen noch bis in die neunziger Jahre im Einsatz.
Die seit Ende der siebziger Jahre im niederbayerischen Obernzell abgestellte 97 501 war zwischenzeitlich mehr und mehr dem Verfall preisgegeben. Eisenbahnfreunde aus Reutlingen nahmen deshalb Verhandlungen mit der Firma Galvano-Bauer auf, um den Veteran wieder in seine angestammte Heimat zu holen. Die Gespräche verliefen erfolgreich, so daß die Lok in der Zeit vom 8. bis 10. April 1986 wieder nach Reutlingen zurück überführt werden konnte. Aus Kostengründen mußte der Transport auf der Straße erfolgen. Der inzwischen gegründete Verein „Freunde der Zahnradbahn Honau – Lichtenstein e. V." nahm bald nach der Ankunft die Demontage

Mehreren Eisenbahnfreunden ist es zu verdanken, daß eine der Zahnrad-Lokomotiven in ihre angestammte Heimat zurückkehren durfte. Das Ziel, den Veteran wieder betriebsbereit herzurichten, erfordert sehr viel Ehrgeiz und Zeitaufwand. Im Rahmen der Aufarbeitung wurde am 30. Dezember 1986 im Bw Tübingen der Kessel vom Fahrgestell gehoben.   *Aufnahme: Michael Ulbricht*

Aus historischem Wagenmaterial bestand der Sonderzug, den 215 049-8 am 23. Juli 1987 unweit von Mehrstetten über die Schwäbische Alb zog.

Genau eine Woche später rollte 215 008-4 mit drei gedeckten Güterwagen bei Teuringshofen ihrem Ziel entgegen.　　　Beide Aufnahmen: Thomas Küstner

Am 21. September 1987 kam die Reutlinger Rangierlok 332 298-9 in den Südbahnhof, hier beim Umsetzen vor der 706 m hohen Achalm.   Aufnahme: Thomas Küstner

Die Anlagen des Anfang der siebziger Jahre eingerichteten Militär-Verladebahnhofes Unterheutal im Mai 1988.   Aufnahme: Wolfgang Geisel

218 439-8 vom Bw Kempten bespannte am 11. Juli 1988 den Übergabe-Güterzug, hier am Bahnübergang bei Schmiechen.

Am selben Tag war auch die Kornwestheimer 212 225-7 mit dem Unkrautspritzzug Dsts 81911 auf der Strecke unterwegs. Dieses Bild entstand unweit von Mehrstetten.
Beide Aufnahmen: Thomas Küstner

Normalerweise sind Ulmer Triebfahrzeuge für den Dienst nach Kleinengstingen eingeteilt, wie 290 325-0 am 25. Juli 1988 mit Üg 69413 bei Kohlstetten.

Zu den betriebsfähigen Dampflokomotiven aus dem Bestand des Verkehrsmuseums Nürnberg gehört die 50 622, welche am 4. August 1988 mit einem Sonderzug nahe Offenhausen auf Zelluoid gebannt wurde.   Beide Aufnahmen: Thomas Küstner

der Lokomotive vor. Man setzte sich zum Ziel, die Zahnstangenstrecke wieder aufzubauen und nach Aufarbeitung sämtlicher Einzelteile die Zahnradlok wieder in Betrieb zu setzen.

Das sehr hohe Verkehrsaufkommen im dicht besiedelten Echaztal hatte längst zu chaotischen Verhältnissen auf den Hauptstraßen geführt. Für eigene Busspuren standen weder das erforderliche Gelände, noch Geld zur Verfügung. So sind verspätete Busse an der Tagesordnung; Anschlüsse an andere Linien, Stadtbus oder Bahn sind kaum gewährleistet und werden im Fahrplan nicht aufeinander abgestimmt. Konkurrierende Unternehmen betreiben nebeneinander mehrere Linien: So fahren manchmal innerhalb weniger Minuten mehrere Omnibusse in dieselbe Richtung ab, danach aber über eine halbe Stunde kein einziger. Orte wie Holzelfingen werden ab 19.30 Uhr nicht mehr bedient. Spätabends gibt es gar keine öffentliche Verkehrsverbindung mehr, was sich in einer hohen Anzahl von Disco-Unfällen widerspiegelt. Auch gibt es hier nicht einmal übertragbare Mehrfachkarten! Das Nachsehen haben jedenfalls jene Leute, die auf öffentliche Verkehrsmittel angewiesen sind.

Die Unzufriedenheit mit den Mißständen im öffentlichen Personennahverkehr führte am 2. Februar 1990 zur Gründung der Bürgerinitiative „Stadtbahn Reutlingen – Engstingen". Daraus konstituierte sich neun Monate später der unabhängige, überparteiliche und offene Verein „StaRT" (Stadtbahn Reutlingen). Dessen vorrangiges Ziel ist die Wiederinbetriebnahme der Echaztalbahn. Da deren Trasse noch komplett vorhanden ist, würden hier keinerlei Kosten für Grunderwerb und Unterbauarbeiten anfallen. Weiterhin besteht noch das sogenannte „Gönninger Gleis" vom Hauptbahnhof bis zum „Betzinger Knoten". Eine elektrisch betriebene Stadtbahn könnte schon bald mit modernen und schnellen Triebwagen im Taktverkehr von Engstingen bis zum Industriegebiet Reutlingen Mark West verkehren, wenn nur der politische Wille vorhanden wäre. Doch hat sich leider bislang kein einziger Kandidat der großen Parteien in und um Reutlingen für den Ausbau des schienengebundenen öffentlichen Personennahverkehrs starkgemacht!

Nach 15 Jahren gestattete die Bundesbahn den Eisenbahnfreunde-Vereinigungen unter bestimmten Voraussetzungen wieder den Einsatz von privaten Dampflokomotiven auf ihrem Streckennetz. Bis dahin durften die historischen Exponate ausschließlich auf verschiedenen Privatbahnen wie der „Hohenzollerischen Landesbahn AG" (HzL) oder der „Württembergischen Eisenbahn-Gesellschaft mbH" (WEG) eingesetzt werden. Auch die „Eisenbahnfreunde Zollernbahn" (EFZ) nutzten nach längeren Verhandlungen diese Möglichkeit. Die für den 1. Mai 1991 angekündigten Dampfzugfahrten mit der vereinseigenen 64 289 und der angemieteten 50 2988 (Eurovapor) nach Münsingen mußten allerdings ersatzweise von einem HzL-Triebwagen übernommen werden, da die DB-Streckenzulassung der 64 289 zu lange auf sich warten ließ. Am 16. Juni 1991 war es dann endlich soweit: 52 7596 hatte die Ehre, den historischen Zugverkehr auf der angemieteten Strecke einzuweihen. Die Teilstrecke Kleinengstingen – Münsingen wird seit dieser Zeit während der Sommermonate regelmäßig von dampfbespannten Museumszügen befahren. Vor allem die Sonderzüge zur bekannten Hengstparade nach Marbach bilden einen besonders stilvollen Rahmen des großen Pferdefestes. Auch die früher erforderlichen umständlichen Sägefahrten zwischen HzL- und DB-Bahnhof gehören der Vergangenheit an, da zwischenzeitlich eine direkte Gleisverbindung hergestellt worden war.

Auf dem Weg nach Kleinengstingen passierte 211 356-1 am 25. August 1988 den Ort Offenhausen.   *Aufnahme: Frank Larsen*

Den auf einem Rungenwagen verladenen Mähdrescher hatte 290 014-0 soeben dem Münsinger Lagerhaus zugestellt. Nun wird das Personal die Rückfahrt nach Schelklingen antreten.   *Aufnahme (26.7.1990): Hans-Joachim Knupfer*

Mit einem Sonderzug bahnte sich am 19. September 1993 die ehemalige Kriegslokomotive 52 7596 ihren Weg durch das straßen- und fast wasserlose Tal bei Sondernach in Richtung Münsingen.   *Aufnahme: Hans-Joachim Knupfer*

Ende November '93 mußte mit 797 505-5 das letzte Exemplar der ehemaligen Zahnrad-Schienenbusse seinen Dienst quittieren. Auch von den zugehörigen Bei-, bzw. Steuerwagen der Baureihe 997 befanden sich zu diesem Zeitpunkt nur noch zwei Fahrzeuge im Einsatzbestand. Der Verein „Freunde der Zahnradbahn Honau – Lichtenstein e. V." dachte zwar an die museale Erhaltung eines dieser Fahrzeuge, mußte dieses Vorhaben aufgrund der hohen Preisvorstellungen der DB AG aufgeben.

Ende 1994 entstand am westlichen Ende des Bahnhofs Kleinengstingen auf dem ehemaligen Bahnkörper ein neuer Supermarkt. Für den Fall eines von verschiedenen Seiten angestrebten Wiederaufbaus der Teilstrecke Reutlingen – Kleinengstingen müßte in diesem Bereich ein neuer Bahnkörper angelegt werden.

Etwa zur Jahreswende 1993/94 endete der planmäßige Güterverkehr auf der Teilstrecke westlich von Münsingen. Der letzte Kunde, das Lagerhaus in Kleinengstingen, wird seither durch die „Hohenzollerische Landesbahn AG" bedient.

Wegen einer baufälligen Brücke stellte die DB AG mit Ablauf des Sommerfahrplans 1994 den Gesamtverkehr auf dem letzten Teilstück der Echazbahn ein. Die Vereinigung „Interessengemeinschaft zur Bereisung von Straßenbahn- und Eisenbahnstrecken e.V." (IBSE) organisierte im Rahmen eines Ausflugs über verschiedene nur im Güterverkehr betriebene Bahnlinien eine Abschiedsfahrt: Triebwagen VT 405 der „Württembergischen Eisenbahn-Gesellschaft mbH" (WEG) befuhr am Nachmittag des 22. Oktober 1994 unter anderem die Strecke Reutlingen Hbf – Reutlingen Süd. In der folgenden Woche wurde wenige Meter hinter dem Einfahrsignal von Reutlingen Hbf ein Schwellenkreuz aufgestellt. Damit endete eine Epoche – seit diesem Zeitpunkt kann Reutlingen nicht mehr mit einem Bahnknotenpunkt aufwarten!

Die Stadt Reutlingen möchte das Bahngelände erwerben und künftig für Verkehrszwecke nutzen. Ob dabei die Gleisanlagen mit übernommen werden, hängt von den Preisvorstellungen der DB AG ab.

Im Mai '94 demonstrierte man mit einem modernen „HzL"-Triebwagen, daß ein zeitgemäßer Nahverkehr vom Ermstal in das Echaztal möglich wäre.

Einige Eisenbahnfreunde ließen sich die Gelegenheit nicht entgehen, die letzte Fahrt nach Reutlingen Süd mitzuerleben. Für den VT 405 stellte dieser Ausflug gleichzeitig eine Premiere auf der Echazbahn dar! Beide Aufnahmen: Wolfgang Geisel

Wegen termingerechter Abholung von drei ausgemusterten Panzern verkehrte am Dienstag, den 17. Januar 1995 eine außerplanmäßige Übergabe, hier beim alten Bahnhofsgebäude von Hütten. Den Abtransport zum Schrottplatz erledigte die Ulmer Kleinlok 335 148-3. *Aufnahme: Martin Krötz*

Von der Nebenbahn Reutlingen – Schelklingen verblieb damit nur noch der Abschnitt östlich von Kleinengstingen. Nur noch die Teilstrecke Schelklingen – Münsingen wird im Güterverkehr regelmäßig befahren. Für den Winterfahrplan 1994/95 wurde dafür folgender Fahrplan erstellt:

```
Üg 69404   Schelklingen (9.45 Uhr) – Oberheutal (10.25 Uhr - 10.43 Uhr) – Münsingen (10.49 Uhr)
Üg 69405   Münsingen (11.17 Uhr) – Schelklingen (11.55 Uhr)
```

Neben den Montag, Mittwoch und Freitag mit einer Lok der Baureihe 290 verkehrenden Übergabe-Güterzügen gelangen sporadisch auch Militär-Sonderzüge auf die Strecke. Seit Beendigung des „Kalten Krieges" hat die Erreichbarkeit von militärischen Einrichtungen auf der Schiene jedoch keine besondere Bedeutung mehr. Zwar können sich solche Entspannungsphasen binnen kürzester Zeit wieder ändern, dennoch möchte die „Deutsche Bahn AG" derartige Strecken nicht weiter vorhalten. Das Unternehmen hat deshalb Anfang 1995 die Stillegung des Gesamtverkehrs zwischen Schelklingen und Kleinengstingen angekündigt und die Bahntrasse zum Kauf angeboten. Mehrere Gemeinden haben daran bereits ihr Interesse signalisiert, um gewinnbringende Bebauungsflächen ausweisen zu können. Doch auch die „Hohenzollerische Landesbahn AG" steht für eine mögliche Betriebsübernahme als Diskussionspartner zur Verfügung. Über die Konditionen muß aber erst noch verhandelt werden...